はじめて学ぶ
日本近代史

開国から日清・日露まで

上

大日方純夫

大月書店

まえがき

　この本は、「はじめて学ぶ」シリーズの一冊です。しかし、「日本近代史」を「はじめて学ぶ」とは、一体、どういうわけなのかと、不思議に思う方もおいででしょう。
　小学校、中学校、高校と、多かれ少なかれ「日本史」を学び、そこには、必ず「近代史」があったはずです。教科書を見れば、確かに「近代史」があります。また、学校以外でも、マンガや小説に「近代史」はあり、テレビをつければ、ドラマ・ドキュメンタリー・教養番組などで、やはり「近代史」にはこと欠かないことでしょう。新聞・雑誌にも、注意すれば、実は「近代史」はあふれています。ですから、今さら「はじめて学ぶ」なんて、とお思いかもしれません。
　しかし、本当に大丈夫ですか？　学校できちんと「近代史」を学びましたか？　さまざまにあふれる「近代史」情報の質を見極めることはできますか？　「近代史」の大きな流れや、世界史との関わりなど、見損なったり、見落としたりはしていませんか？
　学校では、「近代史」はきちんとは勉強しなかった、とくに新しい時代となると、ハイスピードで、サッと終わってしまった、という声をよく聞きます。「近代史」は世界史がらみ、政治がらみのことが込み入っていて嫌いだ、という人もいます。「近代史」はどうもロマンがない、生々しすぎて面白くない、という人もいることでしょう。「近代史」は戦争ばかりでウンザリする、暗い気持ちになってしまう、という人もいるに違いありません。大体、学校で勉強する歴史は、暗記中心、試験本位で、やっぱり面白くないのです。
　では、どうしたら面白くなるのでしょうか。豊かなストーリー性や、そこに息づく人びとの温もりを伝えることによって、歴史を面白いものにしようと主張する人たちがいます。確かに面白くなるに違いありません。面白いエピソードや、都合のよい話、元気がでるような部分だけを取り出して、感情

移入しながらストーリーをつくれば、面白くなるのは当たり前ともいえます。

しかし、これが、本当に歴史を学ぶ面白さなのでしょうか。現実の歴史は、それほど単純なものではありません。複雑な国際関係や歴史的な経緯を解きほぐして、ダイナミックな歴史認識を獲得すること、謎にみちた過去と向き合いながら、さまざまな情報を総動員して、疑問を解いていくこと、そして、過去をはるか彼方のロマンの世界に追いやるのではなく、現在に引き寄せて、〝今〟を読み解き、それを通じて歴史を〝未来〟につなぐ私たち自身のものとすること。そこにこそ、「近代史」を学ぶ本当の面白さがあり、学ぶことの意味があるのでは、と思います。うわべだけでない「近代史」をどう伝えたらよいのか。私が悩むのは、そのことです。

「日本」中心、「国家」中心の歴史、過去の戦争を合理化・美化する歴史を学校で教えようとする動きが近年目立ちます。私は、もっと豊かに、もっとしなやかに、過去に向き合うことはできないものだろうかと思います。この本で、私が一貫して重視したいと考えているのは、国際的な視野と、民衆からの視点です。そして、それこそが、〝今〟を生き、〝未来〟をつくる私たちにとって、欠かせない視点だと考えます。

私は、これまで、中学校の教科書、高校の教科書、大学のテキストなどの執筆にかかわってきました。そのたびに思うのは、過不足なく書くことのつらさです。満遍なく、あったことを書くということになって、やっぱり概説になってしまうのです。そこでは、なぜ、どうして、という素朴な疑問や問いかけが薄れがちになってしまいます。また、何を書くか、どう書くかは、実は研究状況に深く関わっているのですが、通説の〝威力〟に圧倒されて、教科書の表面にそうした〝揺れ〟の姿を見せきれていません。そこで、あえてこの本では、問いかけの意味を重視し、また、研究の推移にも注意をはらってみることにしました。

各章は、およそ三段構えで編成されています。最初に概説・通史を書きます。いわゆる教科書的な叙述の部分です。ウォーミング・アップと考えてください。つぎは各論です。ここでは、研究の成果をふまえて、直球で勝負します。やや歯ごたえのある部分です。そして、三番目は特論です。新しい視

点、素材などを活用して、変化球で迫ります。歴史学の間口の広さを味わってくだされば と思います。

さあ、この本で、歴史の認識力をきたえてみてください。そして、これを調べてやろう、あれを研究してやろうという気持ちを、みなさんのなかにかき立てることができれば、と思います。受け身で学ぶ歴史認識の"消費者"から、調査・研究にもとづいて自らの歴史認識を構築する"生産者"へ――。本書がそうしたきっかけになれば、願ってもないことです。

なお、本書は、最初、一冊を予定していましたが、あまりにも分量が増えてしまうので、上・下の2冊にすることとしました。上巻では、19世紀半ばの「黒船」来航・開国から、日露戦争後の1910年頃まで、下巻では、その後から1945年の敗戦までを扱います。ただし、下巻では、戦後と近代のかかわり、とくに戦後における戦争認識・戦争責任の問題も扱う予定です。それは、日本の"未来"にとって欠かせない「近代」の問題だからです。

もくじ

まえがき　3

序──なぜ、今、「はじめて学ぶ」か

1　「日本」？「近代」？ ──────────────── 11
　　どこまで「日本」？／「近代」とは何？／いつから「近代」？／いつまで「近代」？／「近代」はどうとらえられてきたか
2　「史」とは？ ──────────────── 19
　　歴史とは何？／過去にどう迫るか／なぜ歴史学を学ぶか／どう近代史を学ぶか

I　開　国

1　「開国」から「倒幕」へ ──────────────── 29
　　黒船は幕藩体制をどう揺るがしたか／開港は何をもたらしたか／幕府に対抗する動きはどのように繰り広げられたか
2　「開国」の世界史 ──────────────── 34
　①　「黒船」来航　34
　　なぜ大西洋からきたか／寄港地？　鯨？／どのような世界に組み込まれたか
　②　「開国」の意味　41
　　日本を開国させたのはペリーか／開国の時期、世界はどう動いていたか
3　行動する豪農 ──────────────── 44
　①　「異国船」の衝撃と情報　44

どうすれば民衆の姿をつかむことができるか／豪農は「黒船」をどう受けとめたか／豪農は何を考えたか
　② 武士批判と武装する豪農　50
　　　豪農はどのような行動をとったか／豪農はなぜ武装したか
4　民衆生活と対外意識──────────────────54
　　　開国は民心にどのような影響を及ぼしたか／武州一揆に豪農はどう対したか
　Coffee break①　タイの「開国」──チャクリー改革　59

II　維　新

1　「明治維新」とは何か─────────────────63
　　　新政府への権力の集中はどのようにすすめられたか／明治維新は革命か／維新で何がどう変わったか／なぜ幕府は倒れたか／〝革命〟的な政策の意味
2　「明治維新」の世界史────────────────71
　① 欧米との関係　71
　　　攘夷派がなぜ開国和親になったか／ヨーロッパ諸国にどう学ぼうとしたか
　② アジアとの関係　74
　　　なぜ日清修好条規を結んだか／なぜ征韓論を主張したか／なぜ台湾に出兵したか／朝鮮をどう開国させたか
3　「文明開化」と民衆─────────────────80
　① 「文明開化」とは何か　80
　　　文明化・近代化はどのようにすすめられたか／民衆は文明開化をどう受けとめたか／「文明開化」のとらえ方はどう変わってきたか
　② 文明化への啓蒙　86
　　　日本は何をめざすべきか──福沢諭吉のとらえ方／『学問の

すゝめ』と『文明論之概略』

4　開化と民衆生活—————————————————90
　　開化の街頭に何があらわれたか／「美しい町」はどのように生まれたか／民衆はどう取り締まられたか／民衆の本心はどうだったか

Coffee break②　トルコの「維新」——タンズィマート　98

III　民　権

1　「自由民権」とは何か—————————————————101
　　自由民権運動はどのようにして生まれたか／自由民権運動はどのようにして高揚していったか／自由民権運動はどのようにしてくずれていったか／秩父の困民党は何を求めたか／解体された自由民権運動のゆくえ／自由民権運動のとらえ方はどう変わってきたか
2　民衆による憲法構想—————————————————110
　①　憲法草案を書いたのは誰か　110
　　「憲法草稿評林」とは？／「憲法草稿評林」と小野梓のかかわり／憲法起草の動きはなぜ広がったか
　②　憲法制定への道のり　116
　　政変と憲法構想はどうかかわったか／憲法はどうつくられていったか
3　自由民権運動と政党—————————————————121
　①　政党の誕生　121
　　自由党はいつつくられたか／自由党をつくろうとしたのはなぜか
　②　立憲改進党と立憲帝政党　124
　　改進党と帝政党はどうつくられたか／地方のようすはどうだったか／その後、政党はどうなったか

4　漫画から「世界」を読む──────────130
　　　漫画に歴史をどう読むか／琉球帰属問題／日本をめぐる欧米勢力／文明化の競争と1879年の課題／琉球処分──日本と清国の関係／壬午軍乱──朝鮮をめぐる日・米・清／清仏戦争──清・仏関係と列強／甲申政変と1885年の東アジア

Coffee break③　エジプトの「民権」──オラービー運動　152

Ⅳ　日清と日露

1　大日本帝国と日清・日露戦争──────────155
　①　大日本帝国の政治体制　155
　　　大日本帝国憲法はどのようにして成立したか／大日本帝国憲法の特徴はどこにあるか／議会と選挙の仕組みはどうなっていたか／内閣はどのようなあり方を示したか
　②　日清・日露戦争の時代　160
　　　日清戦争はどう準備されたか／日清戦後、どのような状況が生まれたか／日露戦争はどう準備されたか／日露戦争は何をもたらしたか

2　日清戦争と民衆──────────166
　①　日清開戦への道のり　166
　　　なぜ日本は朝鮮に出兵したか／朝鮮内政「改革」提案の狙いは何か／開戦はどのようにして決定されたか／日本は朝鮮で何をしたか
　②　日清戦争と民衆　172
　　　開戦理由はどう語られたか／新聞は戦争をどう伝えたか／民衆は戦争をどう受けとめたか／樋口一葉は日清問題をどう受けとめたか／戦争は子どもの目にどう映ったか

3　日露戦争と民衆──────────181

①　日露開戦への道のり　　181
　　　　日清戦争は国際関係をどう変えたか／列強の進出は東アジアをどう変えたか／なぜ日露は開戦したか
　②　日露戦争と民衆　　185
　　　　日露戦争をどうとらえるか／戦時下の朝鮮で日本は何をすすめたか／兵士は戦争とどうかかわったか
4　徳冨蘆花と「明治国家」────────────189
　　　　徳冨蘆花『不如帰』とは？／蘆花は日清戦後の社会をどう見たか／蘆花は日露戦争の勝利をどう見たか／蘆花は大逆事件とどうかかわったか／東京が攻め寄せてきた？
Coffee break④　唱歌のなかの戦争　　199

　下巻目次
　　　Ⅴ　「一等国」？
　　　Ⅵ　民衆・改造
　　　Ⅶ　恐慌・戦争
　　　Ⅷ　「大東亜共栄圏」？
　　　終　現代史としての"近代"

序

なぜ、今、「はじめて学ぶ」か

◆

1 「日本」？「近代」？

どこまで「日本」？

　私たちは何気なく「日本」と口にします。日本史が扱うのも、もちろん「日本」です。しかし、どこまでが一体「日本」なのでしょうか。近代の直前まで、ちょっと歴史をさかのぼってみましょう。

　「日本」の南、沖縄には近世の時期、「琉球」という王国がありました。近世の初め（1609年）、薩摩の島津氏は琉球を征服しましたが、王国は否定しませんでした。そこで明治の初めまで、琉球王国は一方で島津氏の支配を受けながら、他方でそれまでどおり清国に服属して保護を受ける関係をつづけていました。他の「日本」のように幕府の支配下にあったわけではありません。ですから、「異国」の位置にあったといえます。

　近代に入って1872（明治5）年、「日本」はこの王国を否定して琉球藩を置き、つづいて1879年には沖縄県に変えて、「日本」に組み込みました。ですから、「日本」になったのは近代に入ってからのことだともいえます。ただし、これに対しては琉球の内部に根強い反発があり、また、中国も日清戦争まではこれを認めていませんでした。

　では、「日本」の北はどうでしょうか。たしかに北海道が「日本」であることは疑いないようにもみえます。しかし、近世の時期、北海道は「北海道」ではなく、「蝦夷地」と呼ばれ、幕府から特権を与えられた松前藩が、

アイヌの人びとを支配していました。このアイヌの人びとが住む地域は、そのまま「日本」なのではなく、「異域」と考えられていました。政府が正式に「日本」に組み込み、「北海道」と名づけるのは、1869年のことです。古代の律令制の五畿七道にならっての改称でした。

さて、その北には千島列島と樺太があります。ここは幕末の時期、「日本」なのか、「ロシア」なのかがはっきりしない地域でした。しかし、千島列島については1855年の日露和親条約で、択捉島・国後島などの南千島は「日本」、ウルップ島より北の千島はロシアと定められました。樺太については、1867年、日露混住の地とすることになりました。つづいて明治維新後の1875年に成立した樺太・千島交換条約によって、日本は樺太全島をロシアに譲るかわりに、ウルップ島より北の千島を「日本」にするという取引が成立しました。千島全島は「日本」となったのです。

現在、私たちが日本と考える「日本」の範囲は、こうして、明治の初期に固められました。しかし、この「日本」もそのまま固定していたわけではありません。やがて次第に膨張していきます。日清戦後の1895年には台湾を領土に組み込み、日露戦後の1905年には樺太の南半分をロシアから分割し、1910年にはついに朝鮮も植民地にしてしまいました。1945年の敗戦に際して受諾したポツダム宣言には、つぎのようにあります。

　日本国ノ主権ハ本州、北海道、九州及四国並ニ吾等ノ決定スル諸小島ニ局限セラルベシ

1945年の敗戦によって、膨張していったこれらの地域はすべて「日本」ではなくなったのです。ですから、「日本」の範囲は激変したことになります。

ついでながら、戦後の現代でさえ「日本」の境界は揺れています。1945年以後、アメリカは沖縄を軍事占領し、51年以後はここをアメリカの施政権下においてしまいました。本土とは異なって「日本」の政治も法も及びません。政治的・法的には「日本」ではなくなってしまったのです。やがて「日本復帰」の運動がおこり、ようやく1972年、「日本」の一部である沖縄県に〝戻った〟のです。「琉球」→「沖縄」→「琉球」→「沖縄」という変化のなかで、「琉球」であった時期の沖縄は、「日本」ではなかったことになります。

北の境界線は、今もって国際問題です。1945年、対日参戦したソ連は、樺太と千島を占領し、翌1946年、これらの地域の併合を決定してしまいました。1951年、サンフランシスコ講和会議で日本は樺太の南半分と千島列島を放棄することとなりました。しかし、その後も、日本側は歯舞群(ハボマイ)・色丹島(シコタン)は千島列島ではなく北海道の一部であるとか、国後(クナシリ)・択捉(エトロフ)両島は千島列島には含まれないとか主張して、今もって北方領土問題は係争事項となっています。

　「日本」は島国ですから、たしかに境界線がはっきりしているように見えます。しかし、その「日本」においてさえ、範囲は必ずしも固定的ではないのです。

「近代」とは何？

　では、「近代」とは、一体、何なのでしょうか。

　歴史的な「近代」は、まず、西ヨーロッパ（西欧）に現れました。中世の封建社会から近代の資本主義社会への移行がそれです。それを生みだしたのは、宗教改革から市民革命を経て産業革命に至る一連の歴史の過程でした。産業化・資本主義化が経済の近代化をすすめ、政治・社会・文化の近代化を促しました。このようにして成立した西欧の「近代」は、19世紀に入ると、市場の獲得をめざして、西欧以外の地域に対する進出を本格化させ、植民地を獲得しようとする競争を演じるようになりました。その結果、西欧以外の地域では、このような西欧による外からの圧力によって、かつてない変動が引き起こされていきます。非西欧地域の「近代」への道は、非西欧地域の内側から起こる力によってというよりも、外側からの圧力によって開かれることとなったのです。その際、非西欧地域には、西欧の近代にならって近代化をはかるのか、それともこれに抵抗・拒否するのかという選択が突きつけられました。

　「近代」社会をつくりだす政治的な変革は、17世紀後半のイギリスにはじまり、18世紀末のフランスを経て、19世紀後半にはこの日本にも及びました。それは、政治的には絶対主義的な体制を打倒するという変革をともない（日本の場合、天皇制をどう評価すべきかという問題があります）、その結果、

国民を基本的な構成単位とする「国民国家」がはじめて成立しました（日本の場合、単純に「国民国家」といいきってよいのかどうかという問題があります）。人びとをヨコに（つまり空間的に）分断していた割拠制も、タテに分断していた身分制も、基本的には「克服」され、ここに国民としての一体化がはかられることになりました。

その結果、人間と人間の関係は大きく変化しました。人びとは理念のうえで、自由と平等を手にしました（日本の場合、本当に自由と平等を手にしたといってよいのかどうかという問題があります）。しかし、それは、生まれよりも能力が重視される能力中心社会のおとずれを告げるものでもありました（とはいえ、「生まれ」が人のあり方を左右することには根深いものがあります）。やがて、容赦ない競争原理、弱肉強食の論理がまかりとおる時代となります。身分による従属にかわって、新たな従属関係が構造化されます。それは、経済的には持てる者と持たざる者との関係としてあらわれました。

また、人びとは国家のもとに網の目のように編成され、国民的な一体化がめざされていきました。国家は国民ひとりひとりを日常的に把握することによって、納税・教育・軍事などを義務づけていきます。

しかし、このような「国民」づくりは、他方、「国民」と民族の関連において、複数民族を統合したり、少数民族（マイノリティー）を従属・同化させたり、同一民族を分断したりというように、複雑な問題を内包させていくこととなりました。

「近代」の成立によって国際関係も大きく変化しました。世界が一体化するとともに、新しい従属が世界的に構造化され、持てる国と持たざる国の関係があらわになりました。「国民国家」は対外的には「主権国家」として立ちあらわれ、国境の確定を前提としつつ、その膨張・拡大を狙っていきます。その結果、国家間の対立と競合はいよいよ激しいものになりました。

さて、以上のような政治的・社会的な変革を前提として、経済的な変革＝産業革命が推進されました。その結果、人間と自然の関係にも大きな変化がおとずれます。生産のために自然から大量の有用物質（原料・資源・エネルギー）を取り入れ、不要物質を大量に放出・排除していくというこのシステ

ムは、次第に自然の改造・破壊・汚染を大規模化・広域化・迅速化・深刻化させていくことになります。今日の環境問題の淵源です。

いつから「近代」？　いつまで「近代」？

ところで、このようにして歴史の流れを区切り、「近代」と名づける方法は、一体、いつ出現したのでしょうか。そもそも「近代」という時代の区切り方が登場したのは、ルネッサンスの時期だといいます。古代・中世・近代という三分法がそれで、その場合の近代とは、Modern Age（新時代）、つまり現代のことだったのです。

では、日本の近代はいつ始まったのでしょうか。その最初を明治維新におくことではおよそ異論はありません。しかし、では、明治維新はいつから始まったのかと考えると、答えはそう簡単ではありません。明治維新の性格（これについては、後にふれます）をどう考えるかということと密接にかかわるからです。維新変革の原因を国内に求める立場に立てば、国内の変動がうねりはじめた1830年代から40年代半ば（天保期）が維新の始まりとなりますし、外からの要因、つまり西欧列強の圧力に重点をおく立場からは、1853年のペリー来航とその結果としての開港が重視されます。また、政権の移動を重視する立場からは、幕府が倒れ、新政府が成立した1868年に区切りがおかれます。

このことは、戦後、三回にわたって刊行された『岩波講座日本歴史』（最新のものは『岩波講座日本通史』）の構成を見るとよくわかります。1960年代の初めに刊行された第一回目の講座は、1853年のペリー来航・開国からを近代としていました。これに対して、70年代半ばに刊行された第二回目の講座では、1868年の明治新政権の成立で区切っています。90年代半ばに刊行された第三回目の講座は、あまりはっきりとした区切りは設けず、1850年代からを近代とし、これを国民国家の成立過程としてとらえています。

一方、近代とはいつまでなのか、その終わりをいつまでと見るのかも、む

＊大石嘉一郎「近代史序説」（『岩波講座日本歴史』14、岩波書店、1975年）。

ずかしい問題です。もともとの「近代」の意味がそうであったように、現在までを「近代」としてまとめてとらえる見方ももちろんあります。しかし、新しく「現代」という区分をおいて、ある時期までを近代とし、以後を現代としてとらえるのが普通です。こうした区切り方が登場してきたのは、第一次世界大戦後のことだといわれます。現代とは同時代（Contemporary）、ないし最近代（Nearest Age）のこととされ、近代とは区別されるようになったのです。

　では、日本の場合、この近代から現代への転換の時期をどこにおくのでしょうか。これも大きな揺れをみせています。三回の『岩波講座日本歴史』では、近代の開始時期以上に大きな違いを見せています。第一回目の講座は、帝国主義時代の開幕をもって近代と現代を区分していました。1900年頃の帝国主義時代の開幕ないし1917年のロシア革命がその指標でした。ところが第二回目の講座は、第二次世界大戦の敗戦と戦後の変革を重視して、1945年8月で近代と現代を区切りました。しかし、第三回目の講座では、敗戦による断絶よりもむしろ連続面を重視して、敗戦をまたぐ1940年代全体を近代に含めてしまいました。占領期も「近代」となり、1950年代以降を「現代」としたのです。これは、あまりはっきりとは区切らず、「何〇年代」というように、移り変わりの時期をまとめて見ようとする関心によるようです。また、高度経済成長に力点をおいたためとも考えられます。このように、「近代」の終期は次第に後へ後へと押し下げられてきているといえます。

　三つの岩波講座の「近代」のとらえ方を大雑把にまとめてみると、第一回目は世界史的な観点を重視し、第二回目は国家形態の転換を重視し、第三回目は転換期とその過程に着目しているものと見ることができます。ですから、一口に「近代」といっても、ここからここまでと、それほどはっきりと区切られているわけではないのです。この本では、国際的な視点と国家体制の変動を統一的にとらえる立場に立って、幕末の開国（1853年）から敗戦（1945年）までを近代としておくことにします

＊前掲、大石嘉一郎「近代史序説」。

「近代」はどうとらえられてきたか

では、この日本で、「近代」はどのように意識されてきたのでしょうか。そのあらましを見てみることにしましょう。

日本は、地理的にはアジアの一角に位置しながら、明治の初め以来、一貫して西欧にならった近代化の道を追求してきました。福沢諭吉は近代化の出発点の1875年、日本の近代化のあり方をさし示して、「一国文明の進歩を謀るものは欧羅巴（ヨーロッパ）の文明を目的として議論の本位を定め、この本位に拠て事物の利害得失を談ぜざる可らず」と述べました。＊西欧文明をめざすこと以外に、日本が文明、つまり近代社会に至る道はないと意識されたのです。これに対して、その三十数年後（1911年）、夏目漱石は「西洋の開化（すなわち一般の開化）は内発的であって、日本の開化は外発的である」と述べました。＊＊西欧を目標としながらも、結局、日本の近代化は「皮相上滑りの開化」にとどまらざるをえなかったというのです。

さて、日本の近代化の問題が、西欧と比較しながら、はじめて世界史の土俵のうえで本格的に論じられたのは、1930年代の日本資本主義論争においてでした（論争の中身に立ち入ることは避けます）。西欧近代との共通性を見ようとした労農派に対して、講座派は日本の特殊性を強調しました。こうした講座派のとらえ方は、戦後、社会科学が出発する際に大きな影響を及ぼすことになります。＊＊＊敗戦後、民主主義的な変革をめざす動きが高まるなかで、経済史の大塚久雄、政治思想史の丸山真男らは、日本社会の封建性を克服して、民主化・近代化をはかることを提唱しました。マルクス主義者はこうした研究の傾向を「近代主義」と呼んで批判しましたが、西欧（先進）を基準として日本社会をとらえ、その後進性を自覚して近代化・民主化をはかろうとする点では、両者は共通していたといえます。

これに対して1950年代後半、とくに60年代に入ると、経済の「高度成長」

＊福沢諭吉『文明論之概略』（岩波文庫、1931年）。
＊＊1911年8月和歌山での講演「現代日本の開化」（『漱石文明論集』岩波文庫、1986年）。
＊＊＊石田雄『日本の社会科学』（東京大学出版会、1984年）。

に対応して、日本の工業化・近代化をたたえるような歴史認識が登場してきました。1960年代の初めには、ロストウ・ライシャワー・ホールといったアメリカの学者らの「近代化」論が論壇を風靡しました。ライシャワーは「西欧の近代化の範型を用いて近代化の過程を早め、しかも大成功を収めた唯一の例」と、日本を評価しました。それは、工業化を基準にして近代日本の成功を賛美し、後進国「近代化」の〝手本〟として推賞するものでした。

さらに、1970年代後半以降の「低成長」期には、「追い付き型近代化」の終了という認識が強調されはじめました。たとえば、1984年発足の臨時教育審議会は、第一次答申で「明治以降今日までの我が国は、欧米先進工業国に急速に追い付くことを国家目標の一つとし、教育にもこの目標を実現するための役割が強く求められた」と述べました。そして、最終答申は「明治以来100年にわたる追い付き型近代化の時代をこえて、日本人と人類がこれまで経験したことのない新しい国際化、情報化、成熟化の時代に向かうという大きな文明史的な転換期にさしかかっている」と主張しました。戦前と戦後を一貫したものとしてとらえるこのような「近代化」認識は、1960年代の「近代化」論と同様、工業化を最大の指標にしていました。ただし、その〝終了〟を強調して、現状の〝打開〟をめざすところに〝新しさ〟がありました。

ところが、こうした議論に対して、他方で1980年代に入ったあたりから新しい議論がおこってきました。近代化は終わったという言い方です。これからは近代以後だとする議論が浮上してきたのです。近代化の結果、環境が破壊されたではないか、人間性が失われたではないか、それとは違う価値を見出すべきではないかといった議論の傾向です。当然と思われてきた進歩の観念に対しても、疑いのまなざしが注がれるようになりました。こうした意識の背景にあるのは、「近代」に対する〝行き詰まり〟の感覚です。経済的な「豊かさ」と満たされない思い、あるいは「豊かさ」の〝代償〟としての環

＊対談「日本近代化の歴史的評価」(『中央公論』1961年9月号)。なお、こうした議論の問題点については、和田春樹「近代化論」(『講座日本史』9、東京大学出版会、1971年)などを参照。

境問題、科学技術の発達と人間のあり方、「核」の危機、誕生・生存・死のあり方といった生命をめぐるさまざまな問題など、とくに「先進国」に広がっている問題がその背後にはあったと考えられます。

こうして、日本のそれぞれの時期の〝私たち〟は、近代の延長上にある現在を生きながら、近代を問題にすることによって、〝現在〟のあり方を問うてきたともいえます。

2 「史」とは？

歴史とは何？

つぎに「史」、つまり歴史について考えてみましょう。

私たちは何気なく「歴史」という言葉を使います。しかし、よく考えてみると、この言葉には二つの意味が含まれていることがわかります。一つは、昔（過去に）あった事実そのものを指す場合です。過去の事実は、もう過ぎ去ってしまったことがらですから、二度と再現することは不可能ですし、繰り返すことはありません。その意味で、この〈事実としての歴史〉の流れは、過去から現在への（そして、未来への）、後戻り不可能な一方通行の歴史の流れです。

ところが、過去の事実とは言ってみても、それは無限大と言っていいほどに膨大です。たとえば、過去のある一瞬をとっても、その瞬間に生きているすべての人びとにそれぞれの歴史があり、その一瞬に発生しているあらゆる出来事に歴史があります。ですから、まずは空間的に膨大です。そのうえに時間的にも膨大です。悠久の過去から現在のこの一瞬まで、歴史は一瞬一瞬を重ねながら綿々とつづいてきています。これらの集積が事実としての歴史の総体です。ですから、これらすべてを知ることは土台、無理な話です。とすれば、私たちが知っている（と思っている）のは、〈事実としての歴史〉のごくごく一部だということになります。

では、その〈事実としての歴史〉を知っているのは、なぜなのでしょうか。それは、私たちが過去からの情報をもとに、過去のある部分についてのイメ

ージを形づくっているからです。これを〈認識としての歴史〉と呼ぶことにします。私たちが知っている過去は、過去の事実そのものではなく、この〈認識としての歴史〉なのです。これが歴史のもう一つの側面です。

　私たちは、〈事実としての歴史〉を伝えてくれる情報を手に入れることによって、〈事実としての歴史〉を知ります。過去からの情報は、質的にも、量的にもさまざまです。とりあえず私たちは、学校で勉強して、歴史書・小説を読んで、テレビや映画を見て、あるいはマンガから、などとさまざまな機会に情報を仕入れて過去のイメージを形づくっています。そうしたさまざまな情報・媒体を通じて再現された〈認識としての歴史〉を手に入れることによって、私たちそれぞれの〈認識としての歴史〉を形づくっています。

　たしかに認識は事実そのものではありません。しかし、何らかのかたちで事実を反映します。事実に肉薄している認識もあれば、事実のある側面だけをとらえている認識もあります。あるいは、事実を歪めたり、事実を逆にとらえてしまっている屈折した認識、転倒した認識もありえます。ですから、〈事実としての歴史〉と〈認識としての歴史〉の間には、多かれ少なかれ断層・距離があります。

　〈認識としての歴史〉は、関心の有無・あり方によって大きく左右されます。同じ過去に目を注いでも、たとえば、権力者に関心を向けるのか、庶民に目を向けるのかでは、求める情報も、再現されるイメージも異なってきます。同じことが、男か女か、多数者か少数者か、日本の内か外かなどなど、さまざまなことについて言えます。その人の視線のありようが、過去の膨大な事実のなかで、どこに、何に、光をあてるのかを、少なからず左右していくのです。そして、こうした関心のあり方は、過去に目を向けているその人の問題意識や価値観に大きく左右されるのです。

　しかし、過去のある事実にたんに視線を投げかけるだけで、その事実にふさわしい（つまり事実に肉薄しうる）認識が再現されるわけではありません。よく目をこらして物事を見極める眼力が不可欠です。遠ければ双眼鏡・望遠鏡を使い、微細であれば顕微鏡を使うように、目の力を補うさまざまな手段を動員して、事実に迫ります。歴史学の場合、各種の関係文献の検索・研究

と、関連史料の収集・分析がそれにあたります。情報の量と質がそれを左右します。鋭い視線、広い視野、物事を見極める視力、こうした歴史認識の能力を磨くことが不可欠です。そして、こうしたものを総合するのは、私たちの理性の力にかかっているのです。

過去にどう迫るか

　過去からの情報と〈事実としての歴史〉との距離をはかってみると、千差万別、かなりいかがわしいものも多いのです。そこで、過去からの情報を、いくつかのレベルに分けてみることにしましょう。

　過去の事実そのものは過ぎ去ってしまうのですが、その事実のあとには何らかの痕跡が残ります。過去の事実が残した情報を、一次情報と呼ぶことにします。その第一は、文字です。記録や手記、手紙や日記、メモなど、文字で書かれたものです（文字史料）。普通は紙に書きますが、古代のように木に書いたり（木簡）、石に刻んだりもしました（近代でも、墓碑や石碑などがあります）。これらの文字から過去の事実を探って復元することが、狭い意味での歴史学の役割です（文献史学）。一次情報の第二は、モノです。建造物・道具・武器・貨幣・墓・骨など、モノが過去の事実の痕跡として残ります（遺物史料）。これらに関心を注ぐのが考古学です。最近は、産業考古学・戦跡考古学など、近代史・現代史でも考古学は威力を発揮してきています。そして第三は、人びとの暮らしぶりのなかに残っている過去の痕跡です。民俗学は風俗・習慣・伝説・民話などの民俗史料をもとに過去に迫ります。民衆生活への関心の高まりが、民俗学との協力を切実なものにしています。また、最近は第四に、絵画（漫画）・写真・映像など、ビジュアルな図像史料から過去に迫ろうとする試みも盛んです。最後に第五は、体験者そのもののなかに記憶されている過去の痕跡です。現代史の場合、体験者からの聞き取りは重要な情報源です。

　広い意味での歴史学は、これらのあらゆる一次情報を駆使して、過去の事実に迫ろうとします。どこまで過去の事実に接近することができるかは、集められた一次情報の量と質、およびそれを分析・総合していくための理論と

技法・手法の冴えにかかっています。歴史学は実証科学ですから、この一次情報、つまり史料によって証拠をかためていくことに責任を負っています。

しかし、これらの一次情報も、事実そのものをそのまま反映しているとは限りません。書き手の立場、記憶の不確かさなどが常につきまとっていますし、意図的に嘘を書く場合だってあります。また、大半は史料として残そうとして書かれたり、つくられたりしたわけではありません。たまたま残った場合がほとんどです。残そうとして書かれたり、つくられたりしたものは、まとまっていて便利ですが、逆に要注意です。残そうとした意図がはたらいているわけですから、自分に都合よく事実が歪められているかもしれません。意図的か無意識かは別として、隠されてしまったことがあるかもしれません。いずれにせよ、慎重な史料批判が欠かせないのです。

さて、こうした史料分析を主な基礎においてまとめられたもの、公表されたものが、研究論文や研究書です。これを、過去に関する二次情報と呼んでおくことにします。この二次情報は、基本的に実証に裏づけられていますから、過去の事実に迫る足場として信用することができます。ところが、部分的であったり、専門的すぎたりして、一般にはなじみにくく、とっつきにくいという難点があります（わざわざわかりにくくしているのでは、と疑ってみたくなる場合もあるでしょう）。

そこで、過去に関する三次情報とでもいうべき一般書や啓蒙書が書かれます。教科書もこのなかに含めてよいでしょう。

まず、底面には膨大な過去の事実があり、そのうえにこれらが残した膨大な痕跡があり（その量は事実そのものからすれば絶望的に少ないのですが）、この痕跡を手がかり（史料）として事実の究明をめざす膨大な個別研究があり、そして、頂点にはそれらのエッセンスをまとめあげた歴史書がある、ということになります。

この四層からなる歴史学のピラミッドは、底面の事実を土台とし、基本的にはその特質で頂点まで貫かれなければならないと思います。氷山の一角にすぎない教科書の叙述も、本質的には、その背後に専門的な研究があり、さらにそれを裏づける史料があり、そして、痕跡としてその史料を残した過去

の事実そのものがなければならないのです。

　もちろん、小説やドラマが過去の事実をふまえていないというつもりはありません。多かれ少なかれ、過去を素材とするかぎり、過去の事実をふまえなければ、歴史物としてのリアリティーを失ってしまいます。しかし、終局的には小説やドラマにその筋立てやエピソードに関する証拠をあげる責任はありません。そもそもしゃべっていた言葉を再現することなど、基本的に不可能なのです。しかし、セリフを取ってしまったら、ドラマは成り立ちません。読者や視聴者が期待するのは、面白さや感動であって、正確さではありません。ですから、同じく過去を対象としているとはいっても、そもそも目的が違うのです。小説のような面白さだけを「歴史書」に期待するのは、ある意味で目的の取り違えだともいえます。

なぜ歴史学を学ぶか

　では、小説やドラマのようには面白くない歴史学を、一体、なぜ学ぶのでしょうか。

　私はしばしば「歴史を勉強していったい何の役に立つのか」という質問を受けます。これに対して、私はまず、「歴史学はなぜあるのか」という、かなり当たり前のことから話します。あらゆるものは動いている。歴史をもっている。存在しているものにはすべて変化があり、不変なものはない。すべてのものごとは、歴史性をそのなかに秘めている。だから、その本質をつかむためには、歴史学的な方法が不可欠である。あらゆるところに歴史学はある。歴史学というものは総合的な学問であって、その意味であらゆる人間にとって不可欠な学問であり、手法なのだ。私はこのようなことを強調します。

　まず、歴史の特徴とその意味について考えてみましょう。あらゆるものは動いています。歴史をもっています。存在しているものにはすべて変化があり、不変なものはありません。すべてのものごとは、歴史性をそのなかに秘めています。すべての物質・現象は過去・現在・未来の歴史の中で存在しています。私たちは歴史の外では生きられないのです。今、目の前にあるあらゆる物質・現象には、誕生・発生以来、現在に至るまでの経緯（過去）があ

り、これからどうなるのか（消滅を含めて）という未来があります。ですから、その本質をつかむためには、歴史学的な方法が不可欠です。あらゆるところに歴史学はあります。歴史学は総合的な学問であって、その意味であらゆる人間にとって不可欠な学問であり、手法だといえます。

　歴史学は本来、未来の問題を扱う学問ではありません。しかし、私たちは誰彼を問わず、未来を頭のなかに思い描いています。先見性とか予見性というものを常に持ちながら生きています。計画をたてる、予想する、そして、それにもとづいて行動する。これが人間の特徴です。ですから、未来をどう見据えるかが現在の生き方を左右します。あることを実現するためにはどうしたらいいか、多かれ少なかれそのための計画をたてて実行しているはずです。

　さて、どのような未来を選びとるのかということでは、自分に直接につながる過去、つまり近現代史を重視せざるをえません。今の現状を見据えるためには、近現代の歴史を解明することがどうしても必要です。長い人類の歴史のなかで、現在に直接に連なっている時代は近現代です。ですから〝今〟を直接に左右している近現代の歴史を深くとらえることは、歴史を主体的にとらえるうえで、欠くことができない課題のはずです。そこでは、はるか遠くへだたった過去の世界を望遠鏡で眺めるような間接的な手続きは不要です。近現代の歴史の大地は、私たちの足元まで直接につながってきています。個人の生き方の面でも、個人個人の頭の中、価値観、たとえば競争原理と能力主義などは、近現代という時代が生み出したものです。個人個人の感じ方、動作、ふるまいや歩き方などもそうです。さらに個人個人の姿かたちや衣食住のあり方、社会＝人間関係のあり方などにも、近代が色濃く影をおとしています。そして、なによりも国家と個人の関係が成立し、世界が一体化したこと、現在につながる国際関係、国際的な従属と抑圧の体制が成立したのも近代のことです。ですから、これらの時代をきちんと認識することなくして、現在を、今を深く理解することはできません。

　たしかに近現代には、望遠鏡で遠くを眺めるようなロマンはありません。現在から切れた遠い時代に思いをめぐらし、その時代を深く理解することは、

たしかに大切です。とは言え、その時代について、私たちが直接に責任を問われることはほとんどまれです。しかし、近現代の生々しい現実は、現在のあり方と直接にかかわっているがゆえに、私たちにじかに迫って判断を求め、責任を迫ります。お前はどう考えるのか、この現実をどうするのか、と。

どう近代史を学ぶか

　私たちが、日本の近現代史、いや歴史そのものにおいて追跡しようとするのは、「明るかった」のか「暗かった」のかという単純な時代のイメージではありません。「明るさ」の影にある「暗さ」であり、「暗さ」のなかに含まれている「明るさ」です。現実の歴史はそのようなダイナミックな過程であり、その過程を構成する事実こそが歴史認識の基礎です。そして、私たちは、「明るい時代」をつくろうとしてきた民衆の主体的な実践にこそ学びたいと思います。

　さて、さきほど私は、あらゆるものには歴史があると述べました。そして、今、現在につらなる近現代史を学ぶことの重要性を強調しました。現在、歴史学は、〈天下国家〉の歴史から、〈日常生活〉の歴史へと広大な裾野を広げ、しぐさやかたち、音や臭いなども含めて、ありとあらゆるものが歴史研究の対象になってきています。兵士の社会史、農民の社会史、女性の社会史、車の社会史など、さまざまな社会史が試みられています。私も警察の社会史を研究しています。たんなる制度や仕組みにとどまらず、衛生や芸能や交通や犯罪など、さまざまな民衆の日常にかかわることがらが研究すべき対象としてつぎつぎに浮かびあがってきます。衛生や病気、身体への関心は、近代史において、今、最も関心の高いテーマとなっています。

　そうした関心をかきたてることによって、歴史は教科書のなかだけにあるひからびたものではなく、自分をとりまく現実のなかにこそあることが実感できるはずです。身近な歴史を探ることを通じて、歴史は覚えれば事足りるものではなく、まさに調査・研究しなければならないものであることがわかってくるはずです。新聞や雑誌や聞き取りや絵や写真や道具や石碑や墓など、ありとあらゆるものが過去を探るための素材です。史料は史料集のなかにだ

けあるのではなく、近現代史の場合、どこにでもころがっています。そうしたことを通じて、民衆の生活の実態と国家権力の姿も具体的に浮かびあがってくることでしょう。

I

開　国

【この章のねらい】

　この章では、1853年のペリー来航から、1867年、幕府が倒れ、王政復古の大号令によって新政府が生まれるまでを扱います。

　最初にこの時代を概観したうえで、まず、日本の開国を世界の動きのなかでとらえます。なぜ「黒船」がきたのか、当時の技術水準などもおさえながら、海上ルートのようすを探ってみます。また、同時期に世界では何がおこっていたのか、それが日本の開国とどうかかわっていたのかを考えます。

　つぎに、「黒船」来航を庶民がどう受けとめたのかを追ってみます。民衆の意識を探るのは、史料の点でなかなか困難なのですが、そうした面での方法論にも少しふれます。そのうえで、やはり史料的な裏づけが得やすく、しかも、「黒船」来航に能動的に向き合おうとした上層の民衆、豪農層の意識と行動に主に目をやります。一般の民衆については、まず、風刺史料や噂の類から追ってみます。また、一揆という非日常的な行動のなかから、対外的な意識の面を抽出してみます。そして、最後は、豪農と一般民衆との関係です。

【この時期の年表】

年	日本	世界
1853（嘉永6）	ペリー、来航。プチャーチン、来航。	クリミア戦争。太平天国軍南京占領。
1854（安政1）	日米和親条約調印。	
1856（安政3）		中国でアロー号事件。
1857（安政4）		インド独立戦争。
1858（安政5）	日米修好通商条約調印。安政の大獄。	
1859（安政6）	神奈川・長崎・箱館開港。	
1860（万延1）	桜田門外の変。	
1861（文久1）		アメリカ、南北戦争。
1862（文久2）	生麦事件。	
1863（文久3）	薩英戦争。	
1864（元治1）	四国艦隊、下関砲撃。第一次長州戦争。	中国で太平天国滅ぶ。
1866（慶応2）	薩長同盟。第二次長州戦争。一揆・打ちこわし激化。	普墺戦争。
1867（慶応3）	「ええじゃないか」広がる。大政奉還。王政復古。	

「開国」から「倒幕」へ

◆

黒船は幕藩体制をどう揺るがしたか

1853（嘉永6）年6月、江戸湾の浦賀沖に黒船が出現しました。司令長官のペリーはアメリカ大統領の国書を幕府に突きつけ、開国を迫りました。その背後には、市場獲得にむけてアジアに進出する欧米列強の動きがありました。当時、西ヨーロッパ諸国やアメリカは、工業製品の市場や原料の供給地を求めて、アジアに進出してきていました。イギリスは18世紀半ばからインドの植民地化をすすめ、1842年にはアヘン戦争に勝利して、不平等条約のもとで清国を開国させていました。フランスはインドシナに、ロシアはシベリアからカムチャツカ・千島・樺太に進出していました。アメリカでは、メキシコから獲得したカリフォルニアで、1848年に金が発見されたことから、西部開拓熱が高まり、太平洋側への進出がすすんでいました。世界をとりまく環は、ちょうど日本で結ばれようとしていたのです。

こうした動きのなかで、アメリカは中国貿易でイギリスを追いあげるため、太平洋を横断する航路を開こうとしました。そこで、その寄港地として日本の開港を求めたのです。また、遭難した捕鯨船の乗組員の保護と燃料・食料の補給も要求しました。

ペリーはいったん去って、翌年ふたたび来航しました。その圧力の前に幕府はついに開国を決断せざるをえなくなりました。日米和親条約（神奈川条約）を結び、下田・箱館の開港、燃料・食料・水の提供、領事の駐在、難破船員の保護、最恵国待遇を認めたのです。最恵国待遇とは、条約を結んでい

る相手国に対して、他国にその条約よりも恩恵的な待遇を与えた場合は、これと同等の待遇を与えるという取り決めです。相手国は自動的に最も有利な条件を手に入れることになりますから、条約の不平等さを象徴するものといえます。幕府はアメリカにつづいて、イギリス・ロシア・オランダとも同じような条約を結ぶこととなりました。

　ペリーが最初に来航した直後、老中阿部正弘はこれを朝廷（天皇）に報告するとともに、諸大名に意見を求めていました。朝廷は幕府に「大政」を委任しており、また各大名の権限はその支配領域内に限られていましたから、本来、外交は幕府の独裁事項でした。江戸の目と鼻の先で黒船の威力を見せつけられ、開国を迫られるという重大な事態に直面して、幕府はこれまでの慣例を破ったのです。この措置をきっかけに、朝廷や諸藩は発言権を強めていくこととなりました。薩摩藩や越前藩などの有力大名は、幕府政治の改革を求めました。彼らは、人望の高い一橋慶喜を将軍家定の跡継ぎに押したて、紀州藩主徳川慶福をおす井伊直弼らの譜代大名と対立しました。

　一方、日米和親条約の取り決めにもとづいて着任したアメリカの総領事ハリスは、イギリスなどが武力で通商を迫るまえにアメリカと条約を結んだほうが得策だと、老中堀田正睦を説得しました。イギリスは中国で太平天国の民衆蜂起の鎮圧に介入し、1856年には第二次アヘン戦争をおこしていました。また、インドでは1857年にイギリスの支配に反対する大反乱を弾圧していました。

　堀田は条約調印の許しを朝廷に求めましたが、攘夷派の反対で失敗に終ってしまいます。ところが、伝統的な支配の強化をねらう井伊が大老に就任すると、天皇の許可を得ないまま日米修好通商条約に調印し、また、紀州藩主慶福を跡継ぎに定めて、反対派を弾圧してしまいました。安政の大獄です。条約の調印は朝廷と幕府の意見対立をひきおこし、勅許を無視した幕府を攻撃する尊王攘夷運動が激しさをましました。1860年3月には、井伊が水戸藩の尊王攘夷派によって暗殺される桜田門外の変がおこります。こうして、幕府の独裁をはかろうとする道は挫折していったのです。

開港は何をもたらしたか

　日米の条約につづいて、幕府はオランダ・ロシア・イギリス・フランスとも同様の条約を結びました。これらを総称して、安政の五か国条約と呼んでいます。条約締結の結果、神奈川（横浜）・長崎・新潟・兵庫を開港し、江戸・大坂を開市することとなりました。条約は、在留外国人の領事裁判権を認め、関税の税率は協定で定めるとするなど（関税自主権の放棄）、いちじるしく不平等なものでした。領事裁判権とは、在留外国人の裁判は本国の領事が本国の法律にもとづいて裁判する権利のことで、治外法権の一部をなしています。

　条約調印の翌年、横浜・長崎・箱館の三港で貿易が始まりました。貿易の比重が圧倒的に高かったのは横浜です。貿易とはいっても、外国商社は条約によって日本内地での活動を禁止されていたため、取引は外国人が居住・営業を認められた居留地で行われました。こうして日本は世界市場と直結し、国内経済はかつてない大変動に引き込まれていくこととなりました。輸出の中心は生糸・茶でした。輸出の増大は、国内の物資の不足をまねき、価格を騰貴させました。幕府は五品江戸廻送令を出し、雑穀・水油・蠟・呉服・生糸の五品を産地からいったん江戸に回送させて、市中の需要にこたえさせようとしました。しかし、これは成功しませんでした。他方、機械制の大工業で生産された安価な欧米の綿織物や毛織物などが流入し、武器なども輸入されました。

　国内の銀価格に対する金価格が欧米より低かったため、おびただしい量の金貨が海外に流出し、かわって低位の洋銀が流入しました。幕府は幣制改革によってこれに対処しようとしましたが、かえって混乱をまねき、物価をはねあがらせることとなりました。こうして、開港による経済的変動は、下層の農民や都市民の没落に拍車をかけていったのです。

幕府に対抗する動きははどのように繰り広げられたか

　桜田門外の変後、幕府は公武合体政策をすすめ、天皇・朝廷の権威を利用して、ふたたび幕府の支配を強めようとしました。老中安藤信正（のぶまさ）は、孝明天

皇の妹和宮(かずのみや)を14代将軍家茂(いえもち)の夫人に迎えましたが、尊王攘夷派の志士に襲われて負傷し、失脚しました。坂下門外の変です。長州・薩摩両藩などでも、尊王攘夷派をおさえて公武合体が藩論として採用されていきました。しかし、やがて長州藩では尊王攘夷派が藩の主導権を握るようになり、京都の公家と結んで幕府に攘夷の実行を迫りました。その結果、幕府は1863（文久3）年5月10日を攘夷実行の日とすることを朝廷に約束します。当日、長州藩は下関海峡を通過する外国船を砲撃しました。これに対し8月18日には、公武合体派の公卿・諸侯らが、会津・薩摩両藩の兵力によって、尊攘派の公卿7人と、長州藩を中心とする志士を京都から追放してしまいます。八月十八日の政変と呼ばれるものです。

　1864（元治元）年、長州藩は京都に兵を向けましたが、薩摩・会津などの兵士と戦って敗れました。禁門の変です。幕府は第一次長州戦争をおこし、また、イギリス・フランス・アメリカ・オランダの四国連合艦隊は、外国船砲撃に対する報復として下関を攻撃しました。こうしたなかで長州藩は尊王攘夷派を罰して幕府に謝罪します。しかし、攘夷が不可能であることを悟った尊攘派は、やがて藩の実権を握り、開国倒幕へと藩の方針を転換させていきました。1865年1月、藩の指導権を握った高杉晋作らは、農民・町人なども含めて結成した奇兵隊以下の諸隊の軍事力を背景に、開国倒幕の方針を打ち出していったのです。

　一方、1863年の薩英戦争でイギリスと戦った薩摩藩でも、軍備充実のためイギリスに接近する動きが強まり、また、下級武士が実権を握って、藩の方針を倒幕に転換させていきました。こうして薩長両藩は、1866（慶応2）年1月、坂本龍馬らの斡旋によって提携を成立させました。薩長同盟です。

　開港後の経済的、政治的な変動のなかで、「世直し」を求める一揆や打ちこわしは激増し、1866年には最高潮に達しました。この年6月、幕府は第二次長州戦争の軍をすすめましたが、民衆への負担は、おりからの物価騰貴とあいまって騒動、打ちこわしを引きおこしていきました。結局、幕府は将軍家茂の死を理由に戦争を中止せざるをえませんでした。

　1867（慶応3）年、薩摩藩の西郷隆盛・大久保利通、長州藩の木戸孝允(たかよし)、

公家の岩倉具視らは、武力で幕府を倒す計画をすすめました。これに対して土佐藩は、将軍による大政奉還を計画していました。

一方、この年8月、東海地方に伊勢神宮のお札がふったことから、喜んだ民衆は仮装して「ええじゃないか」と唄いながら乱舞し、金持ちの家にあがり込んでは飲食する行動をおこしました。この「ええじゃないか」は夏から秋にかけて、近畿・四国から関東に及ぶ広い地域に波及していきました。逆にこの年、一揆・打ちこわしは激減してしまいます。

「ええじゃないか」が繰り広げられているさなかの10月14日、将軍慶喜は大政奉還を申し出、政権を朝廷に返上することによって政権の延命をはかろうとしました。他方、同日、討幕の密勅を得た倒幕派は、朝廷の実権を握って12月9日、王政復古の大号令を発します。こうして、幕府から権力を奪って、天皇を中心とする新政権が誕生することになりました。

2

「開国」の世界史

◆

① 「黒船」来航

なぜ大西洋からきたか

「太平の眠りをさます上喜撰、たった四杯で夜も寝られず」——上喜撰(上等のお茶)、つまり蒸気船にびっくりして日本は開国したということになっています。しかし、この絵を見てください。不思議なことに気づきません

ペリー再来時の「黒船」。近晴画「武州潮田遠景」(新潟県柏崎市、黒船館蔵)。

か。たしかに、船の横には蒸気で回して船を前に進める大きな輪がついていますから、蒸気船です。でも、船には帆柱があります。そして、ちゃんと帆がかかっているではありませんか。じつはこの帆柱に、ペリー来航の秘密が隠されているのです。

アメリカのフルトンが蒸気船を発明したのは、19世紀の初め、1807年のことです。やがて、蒸気船サヴァンナ号が大西洋の横断に成功します。1819年のことです。かかった日数は27日間ですが、このうち蒸気の力で走ったのはわずか80時間だったといいます。つまり、それ以外は帆に風を受けて走っていたのです。当時、定期帆船は大西洋を20日前後で横断していたといいますから、費用の点でも（石炭を消費する）、輸送能力の面でも（燃料用の石炭も運搬しなければならない）、速度についても、まだ蒸気船は帆船よりも劣っていました。1830年代に絶頂期をむかえていたのは、帆船だったのです。

他方、海上ルートの面では、1830年代、スエズ地峡越えのルートが台頭し

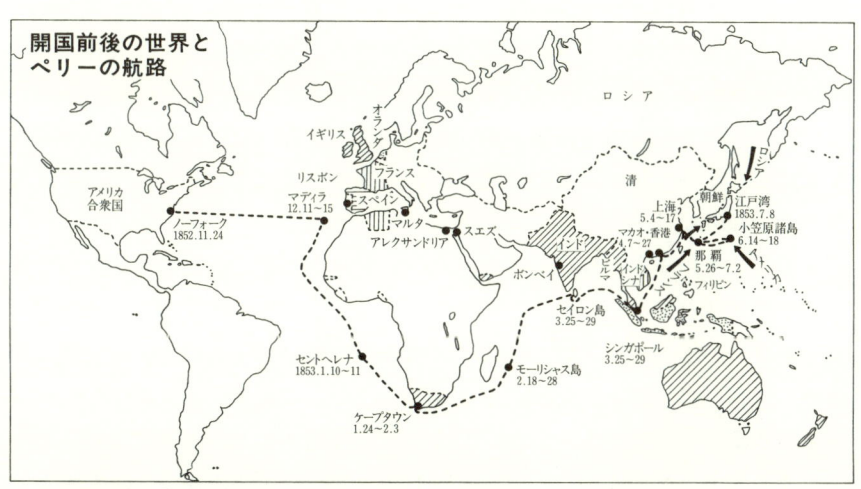

開国前後の世界とペリーの航路

(注) 河出書房新社『日本歴史大辞典』別巻，日本歴史地図，雄松堂出版『ペリー日本遠征日記』（新異国叢書第II輯1）などをもとに作成。

＊以下、園田英弘『西洋化の構造 黒船・武士・国家』（思文閣出版、1993年、17〜84ページ）、加藤祐三『黒船前後の世界』（岩波書店、1985年、45〜83ページ）などを参照。

2 「開国」の世界史

てきます。地図を見てください。まだ、スエズには運河がありませんから、地中海側から紅海側へ出るためには、一時、船から荷を降ろして、陸上輸送に切り換えなければなりません。しかし、こうしてアフリカの南端を回るコースとは別に、イギリスからリスボン、マルタ、アレキサンドリアを経て陸上をスエズに出、さらに船でボンベイへと至るルートが開かれます。やがて、蒸気船にも次第に改良が加えられ、燃料効率の向上、罐水の真水化などがはかられていきます。蒸気船の長所は風がなくても走れることにありますから、定期性とスピードを生かして、1840年代、蒸気船は、まずアジア向けの郵便船として定着していきます。

　しかし、まだ蒸気船は太平洋を渡ってはいません。初めて蒸気船が太平洋を横断するのは、ペリー来航の年、1853年のことです。といっても、サンフランシスコからシドニーまでで、所要日数は2か月。ついで翌年、シドニーからロンドンまで65日という記録がつくられます。シドニーからパナマまで39日、パナマ地峡を陸上で越えて（ここもまだ陸続きです）、カリブ海側に出、ニューヨークを経て大西洋を渡るというコースです。太平洋を横断するという気運がようやく高まってきたのが、ちょうどペリー来航前後の時期だったのです。しかし、まだ蒸気船万能の時代ではありません。当時、太平洋を横断して中国大陸へと渡った蒸気船はいませんでした。ペリー一行の4隻の船も、蒸気船は2隻だけで、他の2隻は帆船でした。

　さて、以上のことを頭におきながら、ペリー一行がどのような道のりで日本にやってきたのか、地図をたどってみましょう。彼がアメリカの東海岸ノーフォークの港を出たのは、1852年11月24日。船はまず蒸気力で航海し、大西洋を横切ってマディラ島に着きます。そこからは帆走に切り換えて、アフリカの西海岸を南に下り、南アフリカの喜望峰をまわり、マダガスカル島の沖を通過してインド洋に出、東に航行してやがて中国の沿岸を北上しました。そして、ついに日本に開港を迫るのです。

寄港地？　鯨？

　ペリーは最初の寄港地マディラ島から、海軍卿にあてて手紙を書いていま

した。手紙の終わり近くで、彼は、要旨、つぎのように述べています。*

　世界地図を見ると、イギリスがすでに東インド洋ならびに中国海域、とりわけ中国海域の要所を掌中に収めているのがわかります。イギリスは意のままにこれらの海域から他国を締め出す力をもち、また莫大な額の貿易を支配することができるのです。しかし、幸いなことに、日本および太平洋上の他の多くの島々には、この「併呑」政府の手はまだ伸びておりません。しかも、それらのいくつかはわが国にとって必ず重要となる通商ルート上にあります。わが国は十分な数の避難港を確保するための積極的な政策をとるべきであり、一刻の猶予も許されません。

　それから半年後、ついに「黒船」は江戸湾の浦賀沖に姿をあらわすのです。
　ペリーは幕府に対して大統領フィルモアの国書を提出しました。それは、まず、一般論として日米両国の交易と親睦を述べたうえで、具体的には二つのことを要望していました。一つは、アメリカ商船・捕鯨船に石炭・薪水・食料を補給するため寄港地を提供してほしいということ、もう一つは、難破船の船員の生命・財産を保護してほしいということでした。
　当時、アメリカはイギリスを追いあげて中国市場に進出することを狙っていました。『ペリー提督日本遠征記』は、上海からハワイを経由して太平洋を横断し、サンフランシスコから南に下ってパナマ地峡を通過し、カリブ海側を北上すれば、ニューヨークまで52日だとしています。** 当時、中国市場で優位にたっていたイギリスは、上海を出てからロンドンまで、途中、スエズ地峡を越えて地中海のマルセイユを経由すると52〜55日でしたから、これに勝つことができます。競争に勝利するための大前提は、太平洋を横断することでした。ところが、すでにみたように、当時の蒸気船の性能では、途中で石炭を補給することが不可欠でした。蒸気船は大量の石炭を消費しましたから、これを積んで走らなければなりません。しかし、限度があります。そこで、太平洋横断航路を開設するために、太平洋上になんとしても石炭補給地

---

　*田中彰編『開国』〈日本近代思想大系 1〉（岩波書店、1991年、34ページ）。
　**『ペリー提督日本遠征記』全 4 冊（岩波文庫、1955年）。

を確保したかったのです。蒸気船に帆柱があるのも、こうした事情と関連しています。追い風のときは、帆走していたのです。

ところで、不思議ではありませんか。現在は日本に対して捕鯨の禁止を迫る立場のアメリカが、捕鯨船の保護を求めるとはどういうことなのかと。しかし、150年ほど前のアメリカは、世界有数の捕鯨国でした[*]。1840年代には、オホーツク海から北極海にまで進出していました。当然、日本近海にも捕鯨船は姿をあらわしていました。土佐湾で嵐にあって遭難した漁師の子万次郎（ジョン万次郎）を救ったのは、アメリカの捕鯨船でした[**]。

当時、アメリカは綿工業の機械化の時代でした。機械を24時間フル稼働させるためには、夜間照明用の灯油が不可欠でした。まだ電灯も発明されていない時代ですから、質のよい鯨油への要求が強まっていたわけです。

どのような世界に組み込まれたか

こうして、アジアの東の端で、「鎖国」という独自の体制を維持してきた日本は、ついに開港し、世界の大きなうねりに巻き込まれていくことになりました。

ところで、ペリー来航の5年前の1848年、ヨーロッパ各国には革命の嵐が吹き荒れていました。フランスでは二月革命、ドイツでは三月革命が起こり、イギリスでも普通選挙を求める労働者のチャーティスト運動が最高潮に達していました。マルクスとエンゲルスが『共産党宣言』を発表したのは、そうしたときです。彼らは『宣言』のなかでつぎのように書いています[***]。

> ブルジョアジーは、すべての生産用具の急速な改善によって、また無限に容易になった交通によって、あらゆる民族を、もっとも未開な民族までも、文明にひきいれる。彼らの商品の安い価格は、中国の城壁をもことご

---

[*] 森田勝昭『鯨と捕鯨の文化史』（名古屋大学出版会、1994年、83〜92ページ、259〜313ページ）を参照。

[**] ジョン万次郎については、宮永孝『ジョン・マンと呼ばれた男』（集英社、1994年）、中浜博『私のジョン万次郎』（小学館ライブラリー、1994年）などを参照。

[***] 『共産党宣言　共産主義の原理』（大月書店〈国民文庫〉、1952年、32ページ）。

とくうちくずし、未開人の頑固きわまる外国人ぎらいをも降伏させる重砲である。ブルジョアジーはすべての民族に、滅亡したくなければブルジョアジーの生産様式を採用するように強制する。彼らはすべての民族に、いわゆる文明を自国にとりいれること、すなわちブルジョアになることを、強制する。一言でいえば、ブルジョアジーは、自分の姿に似せて一つの世界をつくりだすのである。

中国（清）がアヘン戦争でイギリスに敗れ、南京条約によってヨーロッパ中心の国際秩序に従属的に編入されたのはその6年前、1842年のことです。以来、東アジアではイギリスを先頭とするヨーロッパ列強の圧力がいよいよ強まりました。アジアの諸地域がつぎつぎにヨーロッパに従属を強いられていく時代の幕開けです。『宣言』は、ブルジョアジーは「未開国、半開国とを文明国に、農業国民をブルジョア国民に、東洋を西洋に、従属させた」と書いています。

この「文明国」の国際秩序は、「万国公法」秩序、あるいは国際法秩序と呼ばれています。日本もまた1854年、日米和親条約を結んでついに「開国」を余儀なくされ、その4年後には安政の五か国条約で、ヨーロッパの強国が作りあげたこの国際秩序に本格的に組みこまれていくことになりました。

「万国公法」秩序のルーツは、すでに黒船来航の200年前の17世紀半ばにあります。1648年、ヨーロッパでは30年戦争の後始末のため、初めての国際会議が開かれました。このウェストファリア国際会議によって、国際体系の三つの礎石がすえられたといいます[*]。国家主権の観念、国際法の原理、バランス・オブ・パワーの政策がそれです。ヨーロッパで確立していったこの「万国公法」秩序は、やがて19世紀半ば以後、ヨーロッパが非ヨーロッパ地域に進出するにつれて世界的な秩序となり、その波は東アジアにも及ぶことになったのです。

近代のヨーロッパ人は、世界を文明国、半未開国、未開国の三つに区分し

---

[*] 斉藤孝「西欧国際体系の形成」（同『歴史の感覚』日本エディタースクール出版部、1990年、118〜155ページ）。

ており、文明国とはヨーロッパのキリスト教国のことであったといいます[*]。主権国家である文明国同士の関係は、自主自立で対等なものと考えられていました。ところが、トルコ・ペルシア・シャム（タイ）・中国・日本などの半未開国については、法律はあるものの、文明国の法としてはこれを認めず、領事裁判などによって主権を制限しました。不平等条約の強制です。さらに、未開国については「無主」の地と見なし、最初に発見、ないし開拓した文明国がこれを占拠してもよいとしました。征服・領有を当然とみなす「先占」の理論です。こうして、ヨーロッパが世界を従属・支配するシステムを合理化していったのです。

　この「万国公法」の理論を吸収しようとする動きは、幕末維新期の日本でも強まります。1864年、アメリカ人宣教師マーチンは、国際法学者ホイートンの著作の漢訳『万国公法』を清国で出版しましたが、これはただちに日本に流入して、日本人の国際認識に大きな影響を与えていきます。また、1866年、オランダ留学から帰国した西周助（のち周）も、幕府の開成所で国際法の講義を行い、2年後にはこれを『万国公法』として刊行します。ここにいう「万国」とは欧米諸国のこと、「文明国」のことでした。

　こうして近代という時代は、「文明国」の内部に新しい矛盾を生み出したばかりでなく、「未開国」に対する「文明国」の支配と従属をともないながら、世界の一体化を有無を言わせず推し進めていったのです。

＊田中彰編『日本の近世』18（井上勝生執筆「『万国公法』と幕末の国際関係」、中央公論社、1994年）。

②　「開国」の意味

日本を開国させたのはペリーか

　ペリー来航の前年、土佐国宿毛で生まれた小野梓という人は、後に（1882年）ペリー来航の意味を、要旨、つぎのように書いています。*

　「改進の風潮」は日本だけの風潮ではなく、世界一致の風潮である。日本は長い間、海の門を閉ざして世界と交際をすることなく過ごしてきたので、最近まで世界の大勢を知らなかったが、世界は早くもすでに200年前、この「改進の風潮」にそそがれてその恩恵をこうむったのだ。そして、この恩恵の速力は欧米二洲を潤しただけでなく、南にそそいでアフリカに入り、東はアジアに及び、その極はついにこの日本に及んだ。だから、形から言えば、下田の海の門を開いてわが眠りをさましたのはアメリカの海軍提督ペリーのようだけれども、その実から言えば、わが日本を開いたのは、この世界「改進の速力」だ。もし、当時、この速力がまだ微弱で余力がなかったら、「百のペルリ」「千の水師提督」がいても、日本の鎖を開くことはできなかったに違いない。世界「改進の速力」が、ペリーの手を借りてその余力を日本に及ぼしたのだ。

　当時、立憲改進党という政党（124〜125ページ参照）の幹事役をつとめていた彼は、こう述べて、「改進」の力を押しとどめることは誰にもできないと主張しました。

　200年前、世界に注ぎはじめ、やがて欧米二洲を潤すことになった「改進の風潮」とは、一体、何のことでしょうか。ペリー来航の200年前の17世紀半ば、まずこの「改進の風潮」が起こったのは、イギリスでした。イギリスで清教徒革命が起こったのは1649年。つづいて1688年には名誉革命が起こります。それから約100年後、1776年にはアメリカで独立革命が展開され、1789年にはフランスで大革命が起こります。こうして、欧米の「先進国」で

　＊『国憲汎論』第47章（『小野梓全集』第1巻、早稲田大学出版部、1978年）。

は市民革命の結果、近代国家が成立したのです。

　その後、これらの国々では産業革命の結果、資本主義化がすすみます。そして、この章の最初でみたように、欧米各国はやがて本格的に東アジアに進出してきます。「改進の風潮」が迫ってきたのです。ペリーが日本に来航したのは、こうした国際情勢のなかにおいてでした。

開国の時期、世界はどう動いていたか

　しかし、この段階の「改進の風潮」は、三つの矛盾をはらんでいました。1853年のペリーの来航から58年の安政五か国条約締結までの日本の開国の動きは、この「改進の風潮」と三つの矛盾との複雑な国際関係のなかで展開されていたのです。

　第一の矛盾は、欧米諸国それぞれの国内の矛盾、「改進の風潮」それ自体の矛盾です。日本が開国前夜にあった頃、欧米では資本主義の矛盾があらわになってきていました。資本と労働の対立、社会主義・共産主義の登場です。マルクスとエンゲルスが共産党宣言を発表して、「万国の労働者、団結せよ」と呼びかけたのは、ペリーの来航の5年前、1848年のことです。そしてこの年、フランスでは二月革命が起こり、さらに革命はドイツの三月革命へと及んでいきます。アメリカの総領事ハリスが幕府と条約交渉を始めた頃（1857年11月）から、欧米諸国では金融恐慌が起こり、労働組合の運動、労働運動が激しくなっていきます。アジアへと進出する欧米諸国は、このような国内矛盾をかかえていたのです。1864年には労働者の国際組織、第1インターナショナルが結成されます。

　第二の矛盾は、欧米諸国相互の間の矛盾、「改進の風潮」相互の矛盾です。ペリーが日本に接近している頃（1853年5月）、ロシアとトルコの国交は断絶状態となり、この年の秋にはロシアとトルコの戦争が始まります。そして、和親条約の締結が大詰めを迎えていた頃、イギリスとフランスがトルコ側に立ってロシアに宣戦布告し、黒海に突きでたクリミア半島を主戦場とする激戦に突入していました。このクリミア戦争は、1856年までつづきます。アジアに及んでいた欧米諸国のうち、この戦争に関係していないのは、アメリカ

だけです。

　ところが、他国に先駆けて日本を開国させたアメリカは、修好通商条約の締結から3年後には、国を二分する内戦へと突入してしまいます。1861年から65年にかけての南北戦争です。日本どころではありません。日本が尊王攘夷運動で大きく揺れている頃、アメリカも大揺れだったのです。

　第三の矛盾は、「改進の風潮」とアジアの人びとの間の矛盾です。ペリーが清国に立ち寄っていた頃、その清国は太平天国の乱の真っ最中でした。1851年に起こった清朝に対する革命運動は、ペリーが香港にいる53年3月頃、最高潮に達し、指導者の洪秀全が南京に入城しています。この民衆反乱は64年までつづくのですが、その間の1856年10月には、アロー号事件をきっかけとする第二次アヘン戦争（アロー戦争）が起こります。清と英仏連合軍との戦争です。結局、清は敗北して58年に天津条約を結ぶことになるのですが、ちょうどこの戦争最中の1857年5月には、インドで独立を求める反乱（セポイの乱）が起こります。イギリスは59年7月まで、この反乱軍と戦闘を繰り広げて、弾圧してしまいます。

　このような激動する国際情勢のなかで、日本の開国から倒幕にいたる情勢は繰り広げられていたのです。ですから、日本の内側だけから見ていたのでは、日本に迫っていた力の真相を見極めることができないのです。

3

行動する豪農

◆

① 「異国船」の衝撃と情報

どうすれば民衆の姿をつかむことができるか

つぎに、民衆が黒船の来航をどう受けとめ、何を考えたのかを探ってみることにしましょう。しかし、民衆の思想とか意識とかを探るということには、実際、やっかいな問題がつきまといます。まず、史料的な制約が大きいのです。民衆自身が、自分の思想やものの考え方を文章にして表すということは、ごくまれにしかありません。みなさん自身のことを考えてみればよくわかります。書くこと、意見・思想を表現することを生業としている思想家や言論人とは違うのです。では、どのようにして探ったらよいのでしょうか。普通は文字を書く人間の残した記録から、そのなかに描かれた民衆のあり方を探りだしていくという方法がとられます。たとえば武士が書き記した記録のなかで民衆がどう描かれているのか、あるいは民衆のなかでも上層の民衆、豪農・豪商と呼ばれる層が書き記した記録のなかにどう描かれているのかということから、一般の民衆、底辺の民衆の意識を探りだしていく方法がとられてきています。

このことを念頭におきながら、ここではおよそ二つに分けて考えてみることにします。今、民衆と言いましたが、じつは民衆といっても、これまたむずかしい問題があります。どこまでを民衆と考えるのか、あるいは民衆とい

うことでいっしょくたにくくってしまっていいのかという問題もあるわけです。ここでは、民衆を二通りに分けて考えてみたいと思います。一つは上層の民衆、当時でいえば豪農・豪商層です。もう一つは下層の民衆、底辺の民衆です。この二つに一応パターンを分けながら探ってみることにしましょう。前者については、日記とか手記とかを探しだして、対外認識というテーマに引きつけて考えてみることにします。後者の一般民衆については、まず、一つには史料的に支配層ないし上層の民衆の記録から分析していくことになります。ただしこれには筆者の立場がかかわってきますから、史料批判をしないとゆがんだ民衆意識、民衆像が出てくることになります。要注意です。もう一つは、具体的に行動から類推していく方法です。民衆が普段考えていることは、ある非日常的な、あるいは異常な事態のなかで噴出してきます。たとえば、記録では残さなくても行動で示されることがあります。一揆のなかで、暴動のなかで、誰を攻撃したのか、何をやったのかということから、民衆が考えていることに探りを入れていく。非日常的な裂け目から噴出する日常性に探りを入れていくのです。

　しかし、史料の問題ばかりでなく、そもそも民衆の意識を探ろうという問題意識、民衆に着目しようとする関心が生まれてこないかぎり、こうした分野の研究・分析はすすみません。幕末期の対外関係・対外問題に関して、以前の研究が扱ってきたのは、主に武士の対応、思想家の対応でした。幕府はどうしたのか、各藩はどうしたのか、つまり支配層の対応に中心がおかれていました。しかし、1960年代以後、民衆史ないし民衆思想史への関心、庶民を歴史のなかに探りあて、その思想的な営為や行動を追求していこうとする関心が生まれて、その潮流は今日いよいよ強まっています。このような研究の流れのなかで幕末の対外認識・対外問題をおさえると、何が浮かびあがってくるでしょうか。

豪農は「黒船」をどう受けとめたか

　最初にペリー来航を上層の民衆はどう受けとめたのか、何人かの人物をひろいあげて紹介してみることにしましょう。

1853（嘉永6）年6月10日、武州多摩郡柴崎村（現、東京都立川市）の豪農鈴木平九郎は、日記に書きました。今月3日、浦賀表へ異国船が渡来し、願いの向きがあり、持参の書簡を差しだした。異国船は飛ぶ鳥のように走り、浦賀から本牧鼻（ほんもくはな）まで乗り込み、なお羽田あたりまで乗り回し、警護の船をいっさい寄せつけず、勝手に内海の浅深を測量するなど、傍若無人の振る舞いであった。8、9日あたりから鎧兜（よろいかぶと）や火事装束に身を固め武具を携えた各藩の武士が警護につきはじめた。近郷や江戸では人馬の夫役や陣小屋の諸物資・食糧の運送等があり、暑さの中、病人やたおれる馬などが多い。「人気騒（さわぎ）立（たち）米価躍（おど）り誠＝以（もって）御入国以来寄代之銘事也」と。
　その2日前の8日、同郡小野路村（おのじ）（現、東京都町田市）の豪農小島為政（ためまさ）も、浦賀に異国船が数隻やってきて、江戸表は大変だという情報を得ています。13日には異国船の防御にあわただしい江戸の様子を聞いて、まことに「前代未聞之珍事」と、鈴木と同じ感懐をいだいています。
　6月12日、常陸（ひたち）土浦の薬種商兼醬油醸造家で国学者の色川三中（みなか）は、門人にあてた手紙に、この度のことは実に国家の大事、一体どうなるのか、嘆息の至りだ、と書きました。では、彼は情報をどのようにして手に入れたのでしょうか。一つには手紙があります。江戸との間での手紙の往復です。もう一つは人づてです。たとえば色川三中は自分の門人から情報を仕入れたり、門人を派遣して情報を手に入れたり、情報通から聞き入れるなどして、情報収集活動をしています。このようにして、今日、私たちが想像する以上に早く情報は各地に流れていたのです。
　多大の衝撃を与えたペリーの船は、翌年の再来を約して、いったん去りました。13日、平九郎は、昨日異国船は退散し、警護の諸侯方もおいおい引き

＊『公私日記』第16冊（立川市教育委員会、1981年、43〜44ページ）。
＊＊渡辺奨『村落の明治維新研究』（三一書房、1984年、19ページ）。
＊＊＊中井信彦校注『片葉雑記　色川三中黒船風聞日記』（慶友社、1986年、207ページ）。なお、色川三中については、中井信彦『色川三中の研究』（塙書房）の「伝記篇」（1988年）と「学問と思想篇」（1993年）を参照。
＊＊＊＊保谷徹編『幕末維新と情報』〈幕末維新論集10〉（吉川弘文館、2001年）に収められた諸論文などを参照。

とって、市中安堵の由、と日記に書いています。

　しかし、ペリーらは翌年1月、ふたたびやってきて、3月にかけて幕府との折衝をすすめます。この時も、情報はいち早く彼らのところに入ってきています。1月16日にペリーはやってきましたが、翌日には土浦の色川三中にも、柴崎村の鈴木平九郎にも、その情報は届いています。そして、三中は門人二人を江戸や浦賀にさし向けて情報収集活動をします。他方、平九郎にあてた1月21日の江戸からの手紙は、つぎのように江戸の状況を伝えています*。1月11日に浦賀に異国の船が見えるという知らせが伝わってきて、江戸市中はにわかに騒ぎ立ってきた。米相場がはね上がった。さらに15日には市中の不穏につれて米も高値となってきて、買う人ばかりで売る人がなくなってきた。一時は戦争が始まるのではないかという評判だった、と。

　こうした情報を入手しつつ、彼自身、1月24日と25日にはペリーの船を見物にはるばる出かけていきます。その途中、警護にあわただしい武士たちのさまを観察して、あたかも戦争のようだ、戦場のようだと、記録にとどめています。

　町田の小島為政も日記に、3歳の子どもまでも異国人がやってきたうわさをし、昼夜心配している、巷では歌を歌うものもなく、酒屋などでも酔っ払いもなくなった、天下は静まりかえっている、みな異国船の話ばかりだ、と書いています**。

　こうした記載から、黒船の衝撃に危惧を深める上層の民衆のさまが浮かびあがってきます。同時に、平九郎が示したように、好奇心もかきたてられていきます。実際に黒船見物に続々と出かけていくわけです***。

豪農は何を考えたか

　その頃、今にも戦が起こらんばかりの江戸の雑踏のなかに身を投じていた

---

　*前掲『公私日記』第17冊（1982年、7〜8ページ）。
　**前掲、渡辺奨『村落の明治維新研究』（20ページ）。
　***加藤祐三『黒船異変』（岩波新書、1988年）は、黒船見物のようすを描き、幕府側が見物を禁止したことを指摘しています。

3　行動する豪農

一人の農民がいました。危機感にかられて岩代国伊達郡金原田村から江戸に出た菅野八郎です。彼は、前年のペリー来航後、日本全国、皆たましいも身にそわず、手に汗をにぎるばかりの状況となったと感じていました。そして、この年正月の２、５、９日と３夜連続して不思議な夢を見たというのです。夢に現れた白髪の老人は、汝が信ずる神、東照大神君家康の使だと称して、八郎に言いました。近くは３か月か３か年後、遠くは30年か300年後、「異国之夷」が日本を犯そうとしている。これを防ぐには防備策が必要である、これを御殿様へ申し上げよ、と。彼はこれを幕府当局者に伝えようと、江戸に急いだのでした。

　ああ、浮世とは言いながら、何でこんな世に生まれたのだろう。我らほど天運つたなき者があろうか。八郎は、針のむしろにすわったような心地を味わっていました。２月11日、神奈川沖に滞留中の異国船を見に出た八郎は、山のような船、空をつらぬくようなその帆柱を目にします。大砲の音は天地に響き、百雷が轟くがごとくで、近所の老人や子どもは家の中にひれふしています。むしろをつかむ老人、へそをかかえる子ども、耳をふさぐ女の子もいます。こうした見聞を重ねた後、２月20日には老中阿部正弘に、ついで４月２日には将軍に、直訴に及んだのでした。

　異人を唐人というのは間違いだ、と八郎は書いています。唐＝中国は日本の師国（先生の国）であり、敬うべき国ではないか。それなのに、逆賊のアメリカ人をさして唐人とは何事か。アメリカはおよそ一万三千里くらい唐土とは離れているのだ。彼はこう述べて世界の略図を書き、六大洲にアジア・ヨウロツパ・リミア・北アメリカ・南アメリカ・メカラニカと記しています。リミアはアフリカ、メカラニカはオセアニアをさします。ペリー来航を機として、農民八郎の目は世界へと見開かれていったのです。そして、国家的な危機の意識が彼を行動へとかりたてたのでした。

　菅野八郎は唐人というのは間違いだ、逆賊だと言っていました。彼らの中にも武士の中にあったような尊王攘夷思想、攘夷的な気分というものが色濃

＊以下は、菅野八郎の手記「あめの夜の夢咄し」（『民衆運動の思想』〈日本思想大系58〉岩波書店、1970年）によります。

くあらわれています。色川三中の日記にも、攘夷的な意識を認めることができます。1853年 6 月12日、三中は門人にあてた手紙に、このたびのことは実に国家の大事、一体どうなるのか、嘆息の至りだと書き、つぎの歌を添えていました。*

　　天地(あめつち)の神にいのりて切はふり　夷(えびす)がどものたね尽さまじ

異国人のたねを根絶したいというのです。神の力によってこれを排除、ないし根絶したいという気持ちを歌に詠んだのです。

12月21日から27日まで、鹿島・香取両社では夷賊退散の祈禱が挙行されました。三中もまた自作の夷賊調伏(ちょうぶく)の祝詞を奉納しています。

翌1854(嘉永7)年1月初め、土浦では日中、月が見えたといいます。三中はこうした時に災厄がおそった過去のことを思い浮かべ、「かく日影のうすきは夷賊我中国をうかがふの事による事必せりとすべし」と書いています。**

一方、1月25日、小野路村でも「異船退攘」の祈禱がありました。

やや後になりますが、1864(文久4)年3月23日には、小島為政はある人物からつぎのような話を聞いています。***アメリカ人に日本の形勢を尋ねたところ、アメリカ人が言うには、「英夷」、つまりイギリスが心の中で考えていることは、まず兵庫と江戸を攻め、兵庫を攻めれば九州の武士はみな京都の警護にあたるだろう、そこでそのすきに九州をとるのがイギリスの狙いだ。イギリスには五千人乗りの軍艦がある。そのなかには大きな大砲があり、これを3発打ちこめば江戸は全部つぶれてしまい、3日間で江戸は彼らの手に落ちてしまうだろう。友人は涙を流しながらこう話したというのです。開港の10年後のことです。その翌年、為政はつぎのような詩をつくっています。****

300年来の太平をやぶってあやしげな鯨がやって来、眠りをさましました。それにともなって外患、外からの危機が迫り、内憂、国内の紛糾、紛争が起こ

＊前掲『片葉雑記　色川三中黒船風聞日記』(207ページ)。
＊＊同前(71ページ)。
＊＊＊小島日記研究会編『小島日記』29(小島資料館、1987年、30～31ページ)。
＊＊＊＊前掲、渡辺奨『村落の明治維新研究』(39～40ページ)。

ってきた。以来、議論はかまびすしく、さまざまな事件が起こった。こういうなかで国内が対立すれば、外国のあなどりをうけるばかりだ。だから強兵富国、軍事力、経済力を強くして外患を一掃し、神州、つまり神の国の気風、正しい意気を五大洲、世界に振るわせたいものだ。

　為政はこう歌いました。このような心情を抱きながら、具体的には攘夷を実行するために武士を突きあげることになっていきます。

②　武士批判と武装する豪農

豪農はどのような行動をとったか

　1853（嘉永6）年8月21日の夜、常陸土浦地方では、東の空に長さ2、3尺の箒（ほうき）のような「妖星」が見えたといいます。三中は、この日の日記に書きます。世間人心の動揺極まりない節、当地では検地をするといってさわいでいる。「あはれあはれ何事ぞや、あはれあはれ世はいかさまになる事にや」、と。そして、この日と23日の日記に、世上に伝わる歌を書きとめています。

　　甘過て大平糖も武士（虫を兼）の毒　あめときせんで御目を御さまし
　　毛唐人はやく帰ってよかったね　また来るまではちょっとおあひだ
　　陣羽織一寸（ちょっと）異国であらひはり　表はよいがうらが大変

　甘過ぎて大平糖という飴も武士の毒になっている。武士と虫をかけているのですが、虫歯になっている、甘さが彼らにまわっているというのです。飴と喜饌（これはお茶のことです）で目をさました。アメリカとその蒸気船であわてふためいているというわけです。陣羽織、つまりは戦のための装束、これを異国で洗い張りした、しかし、表はいいが裏が、つまり浦賀大変だというのです。黒船の来航にあわてふためく支配階級のさまが、風刺をこめて人びとの口にのぼっていたということができます。三中はこのような世上のさまを思い浮かべながら、慨嘆するのです。このような重大な危機に際して、武士は一体何をしているのか。いつもは百姓に迫って年貢を取り立てている

＊前掲『片葉雑記　色川三中黒船風聞日記』(13ページ)。

のに、今一体何事をしているのか＊。武力を整備して国土や国民の安全を保障してこそ年貢の取り立ては正当性をもつ。それなのに一体これはどういうことなのか。領内の農民を兵員として徴発し、年貢の増徴、御用金の賦課がつづいている。12月、三中は怒りと危機感を強めていました。

　国家的な危機を感じとって具体的な行動にでる上層の農民たち。八郎が示したように、きちんと防衛をせよと武士を突きあげるということは、本来武士はそういうことをすべきものだという前提にたつからです。武士というものは、普段は百姓から年貢を取りたててそれで生活している。それは、農民からすれば、認識のうえで、いざ事あらば彼らが国のため、われわれのために戦うという前提をもつから成り立つのです。ですから、きちんと対処せよと武士を批判するのです。しかし、武士が批判に堪えられないとすれば、どうするのか。

豪農はなぜ武装したか

　幕末の時期、現在の東京の三多摩地方、武州多摩郡一帯には天然理心流という流派の武術が大流行していました＊＊。一般の豪農、農民のなかにこの武術の訓練をする人間が続出して門人が広がっていきました。道場が各地に開かれていきますが、この道場の元締めになっていたのが、現在の町田市、多摩郡小山村の豪農出身の近藤周助です。彼は天然理心流の三代目の主となって、江戸の道場以外にも各地に道場を開いて出稽古し、門人を獲得していきました。先にふれた小島為政もこの近藤周助の門人となって天然理心流の稽古に励んでいます。入門したのは1848年、ペリー来航の5年ほど前のことです。なお、1849年、近藤周助の門弟のなかから養子となったのが、多摩郡石原村、現在の調布市の上層農民の三男坊の宮川一太で、これがのちの新撰組局長近藤勇です。この近藤勇はしばしば小島為政の家にも出稽古に出かけてきて意気投合し、義兄弟の間柄になっています。その他、天然理心流の門人の土方

　＊同前（60ページ）。
　＊＊前掲、渡辺奨『村落の明治維新研究』（35ページ）。

歳三、彼は多摩郡石田村、現在の日野市の出身ですし、沖田総司なども小島家を訪ねています。こうして多摩地方の豪農もまた武士的な気分にとらわれ、国家の危機を自らの危機として受けとめるような位置に自らを駆りたてていったと考えることができます。

　ところで、1863（文久3）年2月5日、為政は餞別のために近藤を訪ねています。その3日後、近藤ら天然理心流の剣士を含む二百数十人の浪士組は、14代将軍家茂（いえもち）の警護に加わって京都にむかいました。じつは、この浪士組、前年の暮、尊王攘夷を主張して行動に走ろうとする浪士たちを懐柔して統制を加えるために組織されたものです。しかし上京後、浪士組は分裂して、尊攘派的な性格を強くもつグループは江戸へもどり、残った近藤らは京都守護職松平容保（かたもり）の指揮下に入って、新撰組を結成するのです。

　では、天然理心流の習得者たちは、どのような政治意識を抱いて政治運動に参加したのでしょうか。それは、a．根本に共通する尊王（強力な統一政権志向）と攘夷（民族的独立志向）、b．尊王攘夷を「公武合体」（天皇を上におく将軍主導の統一政権志向）の線にそってのみ進めようと、佐幕的・反志士的性格を強める方向（新撰組）、c．尊王攘夷を「尊王倒幕」（天皇親政の統一政権志向）の方向で進めようと反幕的色彩を強める方向、の三点にまとめられます。*

　小島為政は具体的な政治運動に参加することはありませんでした。しかし、尊王攘夷的な心情の持ち主だったことは、さきにみたとおりです。

　ところで、上京する浪士組の中には、武州大里郡屈指の豪農、青山村（かぶとやま）の根岸友山（ゆうざん）（信輔）の姿もありました。一番組小頭に任じられた彼は、当年55歳。漢学者寺門静軒（てらかどせいけん）に経学や詩文を学び、国学者安藤野雁（のかり）などを通じて国学に接していったといいます。また、千葉周作の門人となって剣術を学び、自宅に振武所という道場を設けて剣術を教授していました。各地の尊攘派志士と交わるなか、その門人を率いて浪士組に参加したのです。浪士組の分裂に際しては、近藤らと対立して京都を去りました。その後、近郷の壮士を集め

＊昭島市史編さん委員会編『昭島市史』（昭島市、1978年、1301ページ、杉仁執筆）。

て撃剣の試合や銃砲の調練などを行い、挙兵倒幕への志向を強めていきます。彼もまた、武装する農民だったのです。

　土浦の色川三中もまた、そうした方向へと踏みだしていました。彼は門人を水戸藩の砲術師範のもとに送って西洋砲術を学ばせます。そして、農村で鉄砲を自家製造する準備をすすめます。自分で軍事力をもとうという動きです。やがて彼は農民鉄砲隊を組織することになります。武士の無能さを目の当たりにし、武装した農民で対外的な危機に対処しようとしたのでしょう。

　ごくわずかな例にすぎませんが、上層の農民たちは黒船の来航を国難と受けとめ、それが民族的な危機意識を駆りたてていたようです。彼らはこうした危機感のなかから能動化し、政治化していったとみることができます。

　しかし、このように豪農たちが武装したのは、対外的な問題だけだったのでしょうか。結論を言えば、下層民衆が行動化していくことに対する弾圧の役目を果たしていくという要素ももったといえます。そこで、この点を探るために、一般の民衆の黒船来航、開港後の生活と意識について考えてみることにしましょう。

4

民衆生活と対外意識

◆

開国は民心にどのような影響を及ぼしたか

　正面から体制や権力を批判する手段をもたなかった近世の民衆は、しばしば狂歌や替え歌などで政治権力を風刺し、権力者たちの腐敗・堕落をこきおろしていました。それは、すでにみたように、色川三中の日記にも書きとめられていました。こうした風刺史料は、民衆意識を探るための貴重な史料です。作り手を特定するのは大変に困難ですが、語られ、伝えられ、広く書きとめられていたことに重要な意味があります。

　そうした風刺史料の一節に、つぎのようにあります*。

　　神代以来夷人を寄（よせ）たる事はないのに、拾年以前にアメリカ・イギリス・ヲロシヤ・フランス蒸気船だの軍艦なんどと、おどしに掛られ一寸（ちょっと）交易やつて見なせへ、まんざら御損の事もあるめい、なんのかんのと切支丹とハ心もつかづに、上から下まで夷人掛りはめつぽう殷（もう）かる、分一（ぶいち）を取つたり日渡り御手当福々にこにこ、まさかの時ハ御馬先ニて討死（うちじに）召れる旗本なんどが、夷人の御供か固メか知らぬが笑止千万、見たとこ計ハ御武家さまでも金銀ほしがる、

　これは、「ちょぼくれ」と呼ばれる囃し言葉の俗謡の一種です。節回しをつけて発声されていたのでしょう。長野県の松本地方に残っていたもので、内容からみて、開国から10年ほどたった時期のものと思われます。開港を推

＊『長野県史』近代史料編・第1巻（長野県史刊行会、1980年）。

進した幕政当局者、ひいては武士階級全体が列強の圧力に屈し、しかも利潤追求に汲々としているという不満と怒りを歌いこんでいます。この後のところでは、忠義忠義と口先ばかりで人の難儀は少しも構わず、不筋の金をこそこそ取り込み、武具・馬具を飾って格好ばかりつけ、御遊びなどとは「ふざけた下郎」だ、文武文武と蜂の巣立ちのようにうるさく、でたらめ御触を世間へ出すのはよしておくれよ、と手厳しく武士階級を批判しています。そして、「夷人の交易やまずにいたらバ、年々としどし諸色ハ高直(こうじき)、下々喰ねへ(しもじも)、困窮させたら、そこらに一揆が始る」と、民衆の怒りが行動へと転化するのは当然だと、支配階級に警告するのです。

　実際、伊予国越智郡の百姓で宮大工を兼ねていた藤井此蔵という人は、1860（万延元）年の旅行の途中、足尾銅山（現在、栃木県）の宿の亭主が、「井伊掃部様は目前に利を得事(えることばかり)斗、短才の士也、異国交易を免(ゆる)し、国家を乱し、万民の苦み其(その)上なし、此交易三五年も続きなば、騒動起りて、関八州は野になるべし」と語るのを聞いています。*

　開港による外国貿易が諸物価の高騰をまねき、民衆の日常生活を脅かしていたのです。対外的な矛盾が国内の矛盾をかきたてていたといえます。そして、民衆の意識のなかでは、こうした国内矛盾が対外的な矛盾と結びつけられ、排外的な感情をかきたてていったと考えられます。**

　欧米列強の力は、経済的な圧力として農民たちの生活を脅かしただけではありません。精神的・心理的な脅威として、民衆の意識のなかに影をおとしています。そうした潜在的な意識は、異常な事態に直面したとき、噂や流言というかたちをとってたちあらわれてきます。

　たとえば、1854（嘉永7）年夏から秋にかけて、常陸地方では毛虫が異常発生し、人びとを脅えさせました。村々では百万遍、念仏などをあげてその

＊「藤井此蔵一生記」（『日本庶民生活史料集成』第2巻、三一書房、1969年、758ページ）。頼祺一「民衆思想論」（『講座日本近世史』有斐閣、1981年）は、この史料を使って民衆の対外意識を分析しています。
＊＊民衆がいかに排外主義に編成されていったかについては、佐々木潤之介『世直し』（岩波新書、1979年）を参照してください。

退散を祈っていますが、ある村ではこの毛虫を「アメリカ毛虫」と名づけたといいます＊。アメリカの脅威が毛虫発生という自然現象と結びつけられたのです。

　1858（安政5）年、長崎から流入したコレラは、山陽・東海道から江戸に入り、東北に至るまで3年間にわたって猛威をふるいました。このとき長崎では、イギリス人士官が井戸水の検査をしているのを見たことから、イギリス人が毒を流したとの流言が広がったといいます＊＊。また、四国松山藩下の村でも、コレラは異人のしわざだとの説が広がっていました＊＊＊。異人が海中へ毒を流し、魚がこの毒にあたり、これを食べるとコレラにかかるという噂が流れたのです。

　同じ1858年夏、伊豆田方郡桑原村（現、函南町）では、将軍家定の喪中にもかかわらず鉄砲、鉦・太鼓を打ちならし、鬨の声をあげて神々に参詣しました＊＊＊＊。老人は昼夜念仏を唱えて村内をまわり、若者は早朝から裸で氏神や三島大明神に参詣しました。8月には各地の村々が武州三峰山や甲州三嶽（御岳）山の「御犬」を借り受けてきて、コレラの退散を祈りました。コレラを「あめりか狐」になぞらえ、これを「御犬」によって調伏しようとしたのです。そのほか、民衆はこの病気を「千年もぐら」「ちぢみ病」「よさ」とも呼んだといいます。「日本の人を取ころす」「あめりか狐」とは、いうまでもなくペリー来航後の欧米列強への恐怖が、ずる賢さにたけた悪の象徴〝狐〟と結合したのです。「千年もぐら」には、唐よりきたという〝異〟のイメージが込められています。2年後、三島大明神の定礎がための祭には、狐の祝言、南京人、アメリカ人の王様、女唐人などの装束をする者が登場したといいます。

＊前掲『片葉雑記　色川三中黒船風聞日記』（148ページ）。
＊＊ひろたまさき「『世直し』に見る民衆の世界像」（『日本の社会史』第7巻、1987年）を参照。
＊＊＊前掲、頼祺一「民衆思想論」を参照。
＊＊＊＊高橋敏「幕末民衆の情報と世直し意識の形成」（『静岡県史研究』第2号、1986年）を参照。

武州一揆に豪農はどう対したか

　開港後の経済的、政治的な変動のなかで、一揆や打ちこわしが激増していき、それは1866（慶応2）年にピークに達します。
　この年6月13日夜、武州秩父郡名栗村などの農民たちは、飯能川原に集まり、翌日、飯能宿に押しかけて、穀屋4軒を打ちこわしました。これに端を発した一揆は、またたくまに関東西北部一帯に広がって、1週間のうちに武蔵国15郡、上野国2郡で、高利貸・外国貿易商・米屋などの豪農商520軒余を打ちこわす騒動へと発展していきました。武州一揆です。第二次長州戦争の火ぶたが切られた直後の時期にあたります。

　　近来諸色追々高直ニ相成（中略）誠に前代未聞候。是偏に横浜御開港の故と上下一統申唱候。（中略）第一横浜向商人を打毀し家財雑具に至迄一品も不残微塵に打破り（中略）。横浜へ乱入致し国病の根を断、万民安穏の心願と申事に御座候。

　一揆を目撃した豪農は、そのさまをこのように記録しています。＊まず、横浜貿易と結びついた商人たちに攻撃の矛先が向けられていたというのです。直接に一揆勢を突き動かしていたのは、欧米列強に対する排外意識というよりも、現実に彼らの生活を脅かしていた「奸商」への怒りだったといえます。
　ところで、6月15日、武州一揆の一揆勢200人余は青山村にも押しかけてきました。さきにふれた根岸友山は酒食を提供して一揆勢を通過させます。友山の観察によれば、一揆勢が打ちこわしの対象としたのは、商いに競い、世の憂いを顧みない「蟹の横ゆく浜商人」、穀物を買いしぼり高く売る者、などでした。一揆勢は、中山道を通り、横浜に出て、世のためにわが身を犠牲として、いきどおりを晴らしたい、と語ったといいます。この点には、攘夷論者の友山も同感だったことでしょう。一揆勢がその身に合わない重荷を担おうとするものと見てあわれささえ感じています。しかし、17日、指導部を持ち、武装した別の一揆勢1000人余が迫ってきたとき、友山はかねて道場

　＊「一揆騒動荒増見聞之写」（近世村落史研究会編『武州世直し一揆史料』慶友社、1971年、160ページ）。
　＊＊「青山防戦記」（『新編埼玉県史』11・近世2、1981年）を参照。

振武所で養成してきた門人たちを中心に、農民たちからなる自衛部隊を編成して、一揆勢を撃退します。このとき、友山は一揆農民を「犬猫」に等しい盗人と見ていました。
　16日、一揆勢は多摩川の北岸に迫りました。八王子にむかって多摩川を渡ろうと築地の渡しに集結した一揆勢に対して、八王子・日野・駒木野の農兵隊が襲いかかりました。すでに15日、江川代官支配下の多摩郡各組合村の農兵には動員がかけられていたのです。鉄砲が鳴り、天然理心流の剣が振りおろされました。一揆勢は壊滅的な打撃をうけ、崩れさっていきます。
　19日、小野路村の小島為政は、武州一揆についての記録をしたためていました。彼は、横浜商人を打ちこわそうとした一揆の目的自体には共感を覚えています。しかし、その破壊行動には敵意を示し、これを弾圧するのは当然だと考えました。それは、ある意味で根岸友山らと共通する豪農一般の意識だったと考えられます（友山のように弾圧の前面にたたなかったにせよ）。
　ところで、土浦の色川三中の農民武装計画はどうなったのでしょうか。1855（安政2）年6月、三中は没しましたが、その後も武装計画はすすめられていたのではないかといわれます。そして、そのなかから、一方で1864（元治元）年、尊王攘夷を掲げた水戸天狗党の挙兵に参加する者がで、他方、官製の農兵隊の隊長となって農民の抑圧に働く者もでるのです。
　こうして、武装した豪農の力は、生活を守るために実力行使にふみきった農民たちのうえにふりおろされていくこととなったといえます。

＊前掲、中井信彦『色川三中の研究』（「伝記篇」、437〜442ページ）を参照。

◆Coffee break ①

タイの「開国」
——チャクリー改革

　「アンナと王様」というアメリカ映画があります。2000年春、日本でも公開されました。あるいは、ミュージカル「王様と私」なら知っているという方も多いでしょう。舞台はともに1860年頃のタイ。ちょうど日本の「開国」の時期にあたります。登場する中心人物は、国王と、王子・王女たちの家庭教師であるイギリス人女性アンナです。
　当時、東南アジアには、イギリスとフランスが支配の手をのばしていました。その圧力を受けながら、東南アジアで唯一、独立を保つことになったのは、シャム（タイ）です。国王ラーマ4世は、「開明」的な政策によってこの危機を切り抜けようとしました。王はヨーロッパ式の教育を受け、ラテン語、英語などにも堪能で、ヨーロッパの科学にも興味を抱いていたといいます。その王が英語教師として招いたのが、イギリス人女性アンナ＝レオノウエンズでした。アンナはのちに回想録『シャム王室におけるイギリスの女性家庭教師』を書き、やがてその活躍ぶりが、彼女を主人公とした小説『アンナとシャム王』や、ミュージカル・映画「王様と私」に描かれることになったのです。
　アンナから近代教育を受けた王子の一人が、1868年に即位したラーマ5世です。彼は、植民地化の危機のなかで、父につづいてさらに本格的な近代化政策をすすめます。ちょうど日本で明治新政府が成立し、文明開化政策が推進されている頃です。外国人顧問の雇い入れ、国防体制の強化、財政基盤の見直し、領主制の廃止などの改革がすすめられました。また、ヨーロッパ留学をすすめるとともに、外国人教師を雇い入れて教育の西欧化をはかっていきました。タイの場合、こうした政策は「チャクリー改革」と呼ばれています。この王はチュラロンコン大王の名で知られ、タイの人びとの尊敬を集めているといいます。彼は1910年まで位にありましたが、その期間は、ほぼ日本の「明治時代」と同じです。

II

維 新

【この章のねらい】

　この章では、1868年、新政府が成立してから、おおよそ1877年の西南戦争の頃までを扱います。維新の変革と文明開化の時代です。

　この時期の時代の概観は、二か所にわけて記述します。政治の仕組みの変革については1の最初で、近代化をめざす諸政策については3の最初で扱い、それぞれをめぐる研究の流れや評価の問題も、やや立ち入って紹介します。とくに、明治維新の性格をどうとらえるかは論争的なテーマですし、文明開化のとらえ方も、研究者の視線によって大きく異なってきます。

　維新変革の性格づけにつづいて、この時期の国際関係を整理します。一応、欧米とアジアにわけ、それぞれと日本がどうかかわろうとしたのか、政府の政策を中心として見ます。

　文明開化については、政策をまずながめ、つぎに福沢諭吉の思想・主張に文明化の意味を探ります。そのうえで、開化は民衆の日常生活をどう変えようとしたのか、民衆はそれをどう受けとめたのかを、具体的に追究します。その際には、絵なども積極的に活用してみることにします。

【この時期の年表】

年	日本	世界
1868（明治1）	戊辰戦争。五箇条の誓文。五榜の掲示。	
1869（明治2）	版籍奉還。	スエズ運河開通。
1870（明治3）		普仏戦争。イタリア統一。
1871（明治4）	廃藩置県。日清修好条規。岩倉使節団を米欧へ派遣。	ドイツ統一。パリ・コミューン。
1872（明治5）	学制頒布。太陽暦。	
1873（明治6）	徴兵令。地租改正条例。明治6年の政変。	
1874（明治7）	民撰議院設立建白書。佐賀の乱。立志社結成。台湾出兵。	
1875（明治8）	大阪会議。愛国社結成。千島・樺太交換条約。江華島事件。	
1876（明治9）	日朝修好条規。廃刀令。	トルコ帝国憲法公布。
1877（明治10）	西南戦争。	露土戦争。

1

「明治維新」とは何か

◆

新政府への権力の集中はどのようにすすめられたか

　王政復古の大号令によって、京都には天皇（といっても、当時、まだ満15歳でした）のもとに総裁・議定・参与を置く新しい政権が誕生しました。1868（慶応4）年1月、幕府側は兵士を京都に進撃させましたが、鳥羽・伏見の戦いで薩長連合軍に敗れてしまいました。新政府側は徳川慶喜を「朝敵」として征討の軍を江戸に向け、4月には江戸を開城しました。東北と北越の諸藩は奥羽越列藩同盟をつくって新政府に対抗しましたが、9月、新政府軍はこれをやぶりました。さらに翌年5月には、函館に拠って抗戦をつづけていた旧幕府軍をやぶり、約1年5か月におよぶ戊辰戦争は終わりをつげました。

　戦争さなかの1868年3月、新政府は天皇が神に誓う形式をとって、5か条の基本方針（「五箇条の誓文」）を明らかにしました。そこでは公議輿論の尊重と開国和親の重視がうたわれていました。しかし、翌日、幕府の高札に代えた5枚の立て札（五榜の掲示）では、幕府と同様、儒教道徳をすすめ、徒党・強訴・逃散とキリシタンを禁止することを明らかにしていました。つづいて閏4月（当時は太陰暦を用いていたため、この年は4月のつぎに「閏4月」があり、1年は13か月でした）、古代の制度にならって太政官制を定め、新政府の仕組みを固めました。7月には江戸を東京と改め（翌年、天皇は京都から東京に移って、東京が首都となりました）、9月には年号を明治にかえて、天皇一代は同じ年号をもちいる一世一元制としました。

新政府の実権を握ったのは、薩摩・長州・土佐などの藩を代表して活動していた改革派の武士たちでした。彼らは、藩を廃止して権力を中央の政府に集める必要があると考え、1869（明治2）年1月、自分たちの出身藩である薩摩・長州・土佐・肥前の4藩主にはたらきかけて、版（土地）と籍（人民）を朝廷に返すことを申し出させました。ほとんどの藩主もこれにつづき、政治的・軍事的な権力が朝廷のもとに集められました。版籍奉還です。しかし、まだ藩の領有自体は否定されてはいません。新政府は藩主を知藩事とし、藩政の改革をすすめさせました。
　つづいて1871年2月、新政府は薩長土3藩の兵士合計1万人を東京に集めて「御親兵」をつくり、政府直属の軍隊としました。そして、7月、この軍事力を背景として廃藩置県を断行したのです。261の藩が廃止され、府県を基礎とする中央集権的な権力が成立しました。藩主は東京に移住させられ、府知事・県令には政府の官吏が任命されました。
　このような大きな改革だったにもかかわらず、政府の措置に対する目だった反対はありませんでした。すでに戊辰の戦乱のなかで藩の財政は破綻し、とくに小藩では藩の存立そのものが脅かされていたからです。しかも、新政府の成立前後、いったん少なくなっていた一揆・打ちこわしの勢いは、1869年からふたたび増し、不平士族の不穏な動きとあいまって、支配体制を揺さぶっていました。このため、権力の集中を急がなければならなかったといえます。

明治維新は革命か
　このようにして、幕府は倒され、新しい権力が誕生しました。そして、後述のように、新政権の手でつぎつぎと日本の近代化をはかるための改革がすすめられていきます。この幕藩体制を近代国家にかえていく一連の変革の過程を、明治維新と呼んでいます。
　では、「明治維新」とは、一体、何のことでしょうか。その性格をどう考えたらよいのでしょうか。
　「明治」とは、いうまでもなく1868年9月に採用された新しい元号に由来

する言葉です。「維新」とは、中国古代の文献から生まれた語で、「維れ新たなり」、つまりすべてが一新するという意味です。近世（江戸時代のこと）から近代への転換の節目をさすおなじみの歴史用語が、この二つを結びつけた「明治維新」という言葉です。

では、この節目におこった変化をどのように考えたらよいのでしょうか。明治維新の性格をめぐっては、70年ほど前の1930年前後の時期に激しい論争がありました。＊日本資本主義論争と呼ばれるものです。『日本資本主義発達史講座』というシリーズの編集・執筆に結集した学者たち（講座派）は、明治維新はブルジョア革命ではなく、絶対主義を成立させた改革だと主張しました。これに対して、雑誌『労農』によっていた労農派は、変革のブルジョア的な性格を強調し、明治維新はブルジョア革命だと主張しました。この論争は、当面する革命の性格をどう考えるのかという、革命戦略をめぐる対立と深くかかわっていました。講座派は、明治維新で成立したのは絶対主義（封建制の一種）だから、これを倒す革命はブルジョア革命だと主張し、この革命が急速に社会主義革命に転化するのだと考えました。これに対して労農派は、明治維新（ブルジョア革命）によって成立したのは資本主義であり、これを倒すのだからプロレタリア革命だと主張しました。論争の前提にあったのは、社会は封建社会から資本主義へ、そして社会主義へと発展するという考え方と、その社会発展の節目に革命を見る革命理論でした。その際、ブルジョア革命のモデルとして思い浮かべられていたのは、イギリス革命やフランス革命でした。

維新で何がどう変わったか

たしかに明治維新は大きな変革でした。何がどう変わったのか。変革を直接に担い、新しく権力を握ったのは、どのような人びとだったのか。この点を考えてみましょう。

近世の権力の担い手は、支配階級である武士です。彼らは軍事力を独占す

＊遠山茂樹『明治維新と現代』（岩波新書、1968年）を参照。

ることによって民衆を支配し、農民たちから収奪した年貢のうえに支配体制を築いていました。支配体制の頂点には中央政権としての幕府が位置し、そのもとには独立の領国をもつ藩がありました。明治維新はこの幕藩体制を解体しました。しかし、その際、幕府を倒して新しく権力を握ったのは、薩摩藩・長州藩を中心とする討幕派の武士たちであり、彼らが新政府の実権を握りました。ですから、支配階級に内部分裂がおこり、両者の対立の結果、一方の側が新しい権力を打ちたてたことになります。

しかも、この変革の過程で急浮上してきたのは、天皇です。近世の天皇は政治的な実権を奪われてはいましたが、伝統的な権威はむしろ幕府の権力を支えるものとして、重要な役割を果たしていました。ですから、近世の後期になって、幕府の支配が揺らぎはじめると、幕府は天皇の権威を使って支配体制を固めようとしました。ところが、幕末になって幕府が天皇の意思に反して開国したことから、天皇は幕府を倒そうとする勢力の頂点に位置づけられることになり、むしろ幕府を否定する政治的な役割を急速に強めていきます。そして、ついには倒れた幕府に代わって、天皇の政府が成立したのです。

日本史上、天皇が実権を握っていたのは、古代のことです。ですから、新政府の成立宣言は、「王政復古の大号令」となりました。幕府にかわって成立した中央機関は、古代の太政官の仕組みでした。また、古代の公地公民制のもとでは、土地と人民は天皇のものとされていましたから、新政府成立の翌年、各大名はこれまで支配していた土地と人民を、天皇に返すという手続きをとりました。版籍奉還です。こうして、日本の近代は、形式上〝革命〟どころか、古代への〝復古〟というかたちをとってスタートしたのです。

以後、各藩から中央政府に出た旧武士たちは、次第に天皇の家臣としての性格を強め、国家の官僚となっていきます。しかし、その中心勢力となって政権を独占したのは、やはり藩閥と呼ばれる薩摩・長州出身者の政治グループでした。彼らは、天皇の地位を固め、政治の頂点に位置づける作業をすすめて、1880年代の末には、それを一応、完成させます。大日本帝国憲法とこれにもとづく政治体制（大日本帝国憲法体制）がそれです（155～160ページ参照）。

こうして、イギリスやフランスの革命が、国王・君主の権力を奪ったり、制限したのとは逆に、日本の明治維新は、国王・君主の地位と権力を強化・確立する大きな転機となりました。しかも、イギリスやフランスの革命を中心的に担った市民階級は日本には基本的に存在せず、維新変革の担い手となって新しい権力を打ちたてたのは、旧支配階級の一分派である反幕府諸藩の勢力でした。このような変革が、果たしてブルジョア革命なのでしょうか。

なぜ幕府は倒れたか

　幕府を直接に倒したのは、武士勢力の力です。しかし、なぜ武士勢力が分裂し、一方が他方の権力を打ち倒すなどという変革がおこったのでしょうか。これを考えるためには、さしあたり二つの重要な条件を考えなければなりません。まず、第一は、幕藩体制の土台における変化です。近世は農民を土地に縛りつけ、農民から年貢を取り立てることによって成り立っていた社会です。その基礎となるのは、検地によって登録された本百姓と呼ばれる農民たちです。ところが、次第に経済的な力を蓄えていった農民たちの間では、農業とは別に商品流通が活発となり、さらには売ることを目的とした生産が盛んとなっていきます。その結果、財力を蓄える者、つぎつぎと土地を手に入れていく者も生まれてきます。こうして農民のなかには、一方では次第に力をつけていく者が、他方では没落して土地や財産を失っていく者が生まれていきます。農民の間では、利害対立や政治的な対立も深まっていきます。近世の土台である本百姓体制は大きく揺らぎ、その結果、幕藩体制そのものがぐらつくことになりました。下からの圧力が幕府の政治を大きく揺るがしたのです。

　これを何とか立て直そうと、幕府や諸藩では必死の改革を試みますが、結局のところ幕府の改革は失敗に終わります。これに対して、ある程度改革に成功したのが、薩摩・長州・土佐などの西日本の有力諸藩でした。

　幕府が揺らぐ第二の大きな条件は、外から迫ってきました。産業革命によって産業資本を確立したヨーロッパ諸国は、工業製品の市場や原料の供給地を求めて、19世紀半ば、アジアへの進出をはかっていました。その圧力が鎖

国を基本方針とする日本にも迫ったのです。最初、幕府はこれを追い払うことにつとめていましたが、結局、鎖国路線を撤回せざるをえなくなります。

こうして、幕府の政治体制が内外から大きく揺さぶられるなか、貧しい一般の農民たちは、現体制への不満と新しい社会の到来への期待をこめて、「世直し」と呼ばれる行動に立ちあがります。根本的な変革を求める「世直し」一揆が各地におこって、幕藩体制の屋台骨は揺るがされます。そうしたなか、倒幕派は「世直し」とは直接には結びつくことなく、そのエネルギーだけを巧みに利用して幕府政治を終わらせ、権力を握ったのです。

新政府の頭部を構成したのは、公家と武士という古い勢力でした。彼らの権力は、制度上、国民の政治参加を認めない専制的な権力でした。力で権力を握った人びとが独裁的に政治を運営していったのです。国家の基本となる憲法もなく、国民の政治参加の保障である議会もありませんでした。ブルジョア革命が市民の政治参加を保障するものであるとすれば、この新政権はそれとはまったく相反するものでした。

"革命"的な政策の意味

ところが、この新政府は後に見るように、近代化・資本主義化のための改革を積極的にすすめていきました。身分の平等化をはかり、ヨーロッパの仕組みをつぎつぎに取り入れ、学校をつくり、軍隊をつくっていきました。また、政府の肝いりで経済の資本主義化をすすめます。その過程で、自分たちの仲間であるはずの旧武士たちの特権をつぎつぎに奪っていきます。この大胆な改革は、たしかに革命的であり、資本主義化を促すものでした。この面だけをとらえれば、"革命"です。

しかし、なぜ専制的・独裁的な権力のもとで、このような近代化へむけての"革命"現象がおこったのでしょうか。その回答は17世紀のイギリス革命、18世紀末のフランス革命との単純な比較からは出てきません。19世紀後半の国際情勢と明治維新の位置こそが重要です。明治維新を世界史のなかにすえてみなければなりません。

明治維新が現実に展開された国際的な局面は、200年ほど前、17世紀のイ

ギリス革命の段階とも、80年前、18世紀末のフランス革命の段階とも、まったく相違しています。明治維新の歴史的な性格を考えるためには、19世紀後半の資本主義の世界体制とのかかわりから、その変革の意味を問わなければなりません。最先進国のイギリス、相対的な後進国のアメリカ・フランス、そして、それらの圧力をうけながら上からの改革をすすめ、国民的な独立を実現して資本主義国家となっていく日本・ドイツ・イタリア・ロシア。他方で、従属国化した中国と、植民地化されたインド。およそこのような国際的な配置を念頭におきながら分析することが必要です。現在の研究水準からみて、歴史的な段階、歴史的な条件の異なるイギリス・フランスの革命と単純に比較して、その〝革命〟性を云々しただけでは、問題の解明にならないのです。

「近代」へ向けての日本の変革は、政府の力で上から強力（強引）に推し進められました。その際にモデルとされたのは、イギリス（経済・海軍）、フランス（法律・陸軍）、ドイツ（医学）などでした。それは、西欧近代の〝美味しいところ〟ばかりをつまみ食いした（つまみ食いすることができた）日本の近代化の特性であり、その結果として、日本の上には、ある種の〝典型的近代化〟のモザイク模様が織りだされることとなりました。それは、〝後発〟国近代化の一つの〝宿命〟でもありました。ですから、西欧に比較して日本の変革の〝革命〟性を誇ってみても、じつは何の意味もないのです。

こうした政策をすすめるにあたって、新政府は民衆を政治運営から排除しました。そこで、国民の政治参加を求める運動がおこってきます。それが、国会開設、憲法制定、地租軽減などを要求する自由民権運動でした（次の章を参照）。したがって、むしろこの運動こそが、明治維新によっては達成されなかった民衆にとっての革命の課題を担ったものであり、ブルジョア民主主義革命運動だったということができます。専制政府はこの革命運動に直面して、一方で弾圧と切り崩しをはかりながら、他方では自分たちの手で、天

＊遅塚忠躬「フランス革命と明治維新」（田中彰編『明治維新』吉川弘文館、1994年）、中村政則『明治維新と戦後改革』（校倉書房、1999年、59〜91ページ）、などを参照。

皇とその権力を保障するための憲法をつくり、議会を開いて、支配体制を安定させようとします。その結果成立したのが、さきにふれた大日本帝国憲法体制です。

　この体制のもとで、近代国家日本は軍事優先、国民生活無視の路線をすすみ、民主主義を置き去りにしたまま、国民を戦争へと駆りたてていきます。「軍人的帝国主義」「空威張り的飴細工的帝国主義」——ちょうど100年前、当時の日本のさまを評した社会主義者幸徳秋水の言葉です。力をひけらかして威張ってはいるが、その実、飴細工のようにもろいというわけです。約80年間の近代日本の結末は、1945年8月におとずれることになります。

＊幸徳秋水「排帝国主義論」(『幸徳秋水全集』第2巻、明治文献、1970年)。

2

「明治維新」の世界史

◆

① 欧米との関係

攘夷派がなぜ開国和親になったか

　1867（慶応3）年12月9日、討幕派は王政復古の大号令を発して、新政府の成立を宣言します。その出だしのところで「癸丑以来未曾有の国難」、つまりペリー来航以来、大変なことになったと述べています。そして、外に対しては国威を挽回する、つまり失われた威信を回復するのだと宣言します。
　では、この新政権を樹立したのはどのような人びとだったのでしょうか。まず、天皇、そしてこれを支える公家たち。しかし、実際に幕府を倒して権力を握ったのは武士たち、つまり薩摩・長州・土佐・肥前といった西南地方の有力諸藩の武士たちでした。
　王政復古からほぼ1か月後の1868（慶応4）年1月15日、新政府は外交に関する基本方針をうち出して、今後は外国とは仲よくやっていくという対外和親の態度をとることを明らかにしました。しかし、不思議ではありませんか、討幕派は攘夷派のはずだったのに……。政権を奪うと、コロッと態度を変えてしまった？
　なぜ、この時に政府がこうした態度を表明したのか。じつは非常にやっかいな問題がおこっていたからです。当時はまだ攘夷的な運動があちこちでおこっていました。神戸で外国人襲撃事件がおこるとか、イギリス公使パーク

スが襲われるとか、このような事件が頻繁におこっていたのです。そのために外国側は新政府に対して圧力を加えてきます。このような国内の攘夷派の動きを解決しようとして、政府は攘夷方針はとらないと宣言したのです。攘夷派と見られていた新政府は、攘夷方針を捨てました。

つづいてその2か月後の1868年3月、すでにみたように、天皇自身が五箇条の誓文を宣言しました。基本的な態度は「和親」、つまり外国とは友好関係をとるというものでした。同じ時、天皇自身の言葉として、つぎのようにも宣言されています。自分はこれからは政治の実権を握って実際に国運を開いていく。日本の運命は自分がになう。万国に対立して自らが万里の波を切り開き国威を四方に輝かしていく。こうして新政府は、天皇の言葉として外交路線の基本を示したのです。

では、このような基本方針のもとで、具体的にどのような政策が展開されていったのでしょうか。欧米に対してと、アジアに対してとの二つに区別しながら、見ていくことにしましょう。

ヨーロッパ諸国にどう学ぼうとしたか

新政府は条約改正への意欲を示してはいましたが、実際にはさらに欧米の他の国ぐにとも不平等条約を結ぶことから外交をはじめざるをえませんでした。1868年から69年にかけて、スウェーデン・ノルウェー・スペイン・オーストリア-ハンガリーとも、相次いで条約を結びましたが、いずれも不平等な内容でした。外交上、幕府からの負債に加えて、新たな債務が重ならざるをえなかったのです。

ところで、幕末に結んだ通商条約には、1872年7月4日以降、「双方政府ノ存意」により、1年前に通告すれば、条約改正の交渉をすることができるとありました（第13条）。そこで、政府のなかでは、欧米に使節を派遣して、条約改正の予備交渉を行ってはどうかという意見が浮上してきます。新政府顧問のオランダ系アメリカ人、フルベッキの意見にもとづいて大隈重信が提出したものといわれています。

こうして、特命全権大使の派遣計画が具体化してきます。1871年9月の事

由書は言います＊。今、日本は「列国公法」にもとづく互格・平均・平等を「凌辱侵犯（りょうじょく）」されている。なぜ、差別的な扱いをうけているのか。それは、「東洋一種ノ国体政俗」に原因があるからだ。そのため「別派ノ処置」（差別的な扱い）をうけ、国際法の適用外にされてしまっている。対等性を主張して権利の回復をはかるためには、「列国公法」つまり西欧の国際法にかなうような制度改正を行う必要があるというわけです。

こうして、「米欧回覧」の使命は、条約を結んでいる各国に対して、新政府成立の挨拶をするとともに、条約改正の予備交渉をし（改正期限の延期）、制度・法律・財政・産業・教育・軍事の調査・研究をすすめることにありました。「列国公法」にそった国内改革をはかることによって、条約改正を実現しようというのです。

大使の岩倉具視（ともみ）、副使の木戸孝允・大久保利通・伊藤博文・山口尚芳（ひさよし）など48人の使節は、留学生59人（内女子5人）をともなって1871年11月、横浜を出港しました。以来1年10か月間、アメリカ・イギリス・フランス・ベルギー・オランダ・プロシア・ロシア・デンマーク・スウェーデン・イタリア・オーストリア・スイスの12か国を歴訪して、1873年9月に帰国します＊＊。

使節団はこの視察のなかでヨーロッパのあらゆるものを貪欲に見てまわりました。イギリスでは政治制度の近代性に驚き、産業発展の偉大さに目をみはります。しかし、これは日本にとっては高嶺の花です。ベルギーとかオランダとかのヨーロッパの小国も視察しています。そうした視察のなかでとりわけ彼らが関心をもったのはプロシア（ドイツ）でした。というのも、ばらばらだった国家をプロシアが中心となって統一し、ドイツ帝国がつくりあげられたのは、明治維新とほぼ同じ頃でした。ドイツは1870年、71年、フランスと戦って勝利しています。その前にはオーストリアとも戦って勝利してい

＊芝原拓自ほか編『対外観』〈日本近代思想大系12〉（岩波書店、1988年、17〜21ページ）。

＊＊岩倉使節団については、田中彰『岩倉使節団』（講談社現代新書、1977年）、同『「脱亜」の明治維新―岩倉使節団を追う旅から』（日本放送出版協会、1984年）、などを参照。なお、使節団の視察のさまは、公式記録である久米邦武編『特命全権大使米欧回覧実記』全5冊（岩波文庫、1977〜82年）に詳しく記されています。

2 「明治維新」の世界史

ました。このような新興ドイツの日本と似た境遇と、次第に勢力を強めていく状況に対して目をみはったのです。ある晩、使節団はドイツの首相ビスマルクの宴会に招かれます。この時、ビスマルクは自分の生い立ちとプロシア・ドイツの成長の過程を振り返りながら使節団に話をして、大いに感銘を与えました。大久保利通なども、プロシアを見た後、日本に手紙を書き送って、プロシアに学ぼうという気持ちを強めるに至っています。

　もちろんプロシア一辺倒になってしまったわけではありません。すでに見たように(69ページ)、当時の日本はいろいろなモデルをヨーロッパに求めています。岩倉使節団のヨーロッパ訪問前後、日本政府はさまざまなかたちでヨーロッパ近代の文明・制度を貪欲に吸収しようとしました。視察・調査を通じて資本主義文明の導入をはかり、富国強兵路線を推し進めていくのです。

②　アジアとの関係

なぜ日清修好条規を結んだか

　こうして日本は欧米に対しては接近政策をとりましたが、では近隣諸国、朝鮮・中国に対しては、どのような外交政策をとったのでしょうか。

　近世の東アジアには中国（清）を中心とする国際秩序がありました。華夷原理にもとづく秩序という意味で、華夷秩序と呼んでいます。華である中国に、夷である周辺の国家が服属し、それによって秩序が維持されるという仕組みです。また、他国との自由な交流・交易を禁止して、国家がこれを一元的に管理する海禁政策がとられていました。ところが、中国はすでに1842年、アヘン戦争に敗けて5つの港を開き、日本も外圧に迫られて、その10年ほど後には港を開きました。海禁体制は崩れていったのです。しかし、朝鮮は開国を迫るフランスやアメリカを撃退して、なお鎖国状態をつづけていました。また、中国を目上の国として従属していました。このようななかで、日本は近隣諸国とどのような国際関係をつくろうとしたのでしょうか。

　まず、もちあがったのが、東アジア外交をめぐる大きな対立点、征韓論です。江戸時代も日本は朝鮮とつきあいがありました。ただし、幕府が直接つ

きあうという関係ではなく、一番朝鮮に近いところにある対馬藩、その藩主の宗氏を通じてつきあうという間接的な外交関係でした。宗氏は朝鮮との貿易、通商関係を幕府公認のもとに一手に独占していました。新政府は成立早々、対馬藩の使節を通じて、朝鮮側にこれまでどおりの修好関係、よしみを通じようとして、文書を送りました。ところが、朝鮮側は対馬藩が持ってきた文書は受け取れないとして、これをつき返してしまったのです。なぜか。その文書の中に「皇」とか、「勅」とかの文字があるからだというのです。朝鮮側にとっては、皇帝とは中国の皇帝だけであり、「勅」という語はこの皇帝だけが用いるべきものでした。そこで、日本側が天皇の命令ないし意志として持ってきた文書を受け取れば、当然のことながら中国皇帝に対して顔が立たないことになるわけです。そこで、日本に対する疑惑と、宗主国中国に対する立場から、日本側文書の受け取りを拒否しました。

このようななかで、日本政府のなかには、いち早く征韓意見が生まれてきます。征韓論政変をさかのぼる6年前、政府成立早々の頃の1868年12月、木戸孝允はおよそつぎのように言っています。*

　この機会に日本の威力をのばすべきだ。朝鮮側の不届きな態度に対しては断固対応せよ。あわせてこの機会に国内で高まっている不満を外にそらしてしまおう。

しかし、それはなお具体化には至りませんでした。直接、征韓問題にすすむ前に、日本は中国とまず国際関係を開こうという路線をとることになったからです。ただし、このような発想は、この後、征韓論が本格化した際も、その背後にひかえることになります。当時、政府の外交当局者のなかには、二つのプランがありました。一つは、このような征韓方針にそって強硬に朝鮮に臨もうという路線です。もう一つは、迂回作戦をとって中国との間で先に話をつけようという路線です。結局、まず採用されたのは、後者の路線です。外務省のなかでは、つぎのような意見が述べられていました。**

＊日本史籍協会編『木戸孝允日記』一（東京大学出版会、1985年復刻、159ページ）。
＊＊前掲『対外観』（12～14ページ）。

朝鮮は「支那」に服従しているから、「支那」と対等の条約を結べば朝鮮は下になる。

外務省の文書は「一等を下し候」と書いていますが、このような上下関係を重視する外務省の路線のもとで、1871年7月、日本と中国との間で初めての条約が結ばれることになりました。日清修好条規です。不平等条約を押しつけられている国同士が、対等条約を結び、互いに治外法権を認めあうという奇妙な条約です。いずれにしても日清間の対等関係によって、朝鮮は日本の目下になるという関係がつくりあげられることになります。

なぜ征韓論を主張したか

さて、中国と対等の条約は結んだのですが、外務省の思惑は朝鮮側の強硬な態度によって崩れてしまいます。そこで、1873年の夏あたりから、政府側は直接朝鮮に対して圧力を加える政策に転じていきます。強硬方針が主流になってきたのです。日本側はさまざまなかたちで朝鮮側を挑発しました。対馬藩が朝鮮に設置していた出張所を引き揚げてしまうとか、日本の商人たちに密貿易を奨励するとかします。これに対して、当然、朝鮮側は対抗措置をとります。密貿易の取り締まりを役所に命ずるなどの措置です。その際、朝鮮側は、日本側の役人のやることを見ると、これは無法の国と言うべきだ、と述べます。これに対して日本の外務省の役人は、これは日本を馬鹿にするものだ、無礼だと対立をあおりたてました。そうしたなかで1873年6月、閣議決定が行われます。

だんだんにおごり高ぶる心が激しくなって、ついに日本を馬鹿にする、軽蔑することに立ち至った。もはや国辱である。このままにさしおくことはできない。

このようにして武力によって強硬に交渉しようという方針を決めるのです。その際、西郷隆盛は自分がその使節になって行こう、向こう側は日本側の要求を拒否して自分を殺すだろう、そうすれば、日本の正式使節を朝鮮側が殺害したということで、軍事行動をおこす大義名分がつくられると主張しました。

政府がこのような方針を決定した後に帰ってきたのが、岩倉使節団です。そして、両者の間では激しい対立がおこり、征韓派が辞職するという事態に立ち至りました。こうして、征韓論そのものは具体化されることなく終わりました。欧米視察派、内治優先派の人びとが権力を握って、征韓論は退けられたとされています。

なぜ台湾に出兵したか

　ところが、内治優先派はその舌の根もかわかない半年後、1874年5月に台湾に3000人の兵士を出動させるという軍事行動をおこします。これをどう考えたらよいのでしょうか。このような彼らを、内治優先派などと言ってよいのでしょうか。結局、征韓は退けながらも、基本的には同じ立場に立っていたということになります。政府に対する国内の不満は高まっています。しかも、アジアに対してはこれを押さえよう、支配しようというのが、政府のもともとの考え方です。その意味で、征韓論には反対したにもかかわらず、彼らも基本的には同じ立場に立っていたものと見られます。

　では、台湾出兵はなぜ行われたのでしょうか。日本の南には琉球があり、その南には台湾があります。台湾出兵問題は、この台湾と琉球のからまりから出てきた問題です。琉球は江戸時代を通じて独立の王国、琉球王国でした。しかし、琉球は一方で朝鮮と同じように中国に従属しつつ、他方ではかつて侵入した薩摩藩に従属させられていました。ですから、琉球王国は一方で中国と交わりながら、他方では薩摩藩とつながる両属の関係にあったのです。

　新政府は琉球を中国から切り離して日本に組み込もうと考えました。そのためには中国との関係を断ちきらなければなりません。1871年、たまたま恰好の事件がおこりました。琉球の宮古・八重山の漁民66人が台湾に流れ着き、そのうちの54人が台湾の原住民に殺されるという事件です。日本側はこれに手をうつ前の1872年、琉球王国をなくして、琉球藩にしています。日本の版図の一部だとしたのです。とすれば、台湾で琉球島民が殺されたということは、日本の民が台湾で殺されたということになります。そこで、責任をとれというのです。ところが中国側に言わせれば、琉球は自らの属国であり、台

湾はまた自国の一部です。ですから、これは自らの支配下の国内問題であり、なぜ日本がくちばしをいれるのか、ということになります。しかし、日本側は琉球民は日本の国民である、台湾は文明化されていない民で中国の支配外にある主のない地だと中国側も言っていたではないかと主張します。琉球を日本に組み込み、台湾は中国から切り離し、中国はこの問題にくちばしをいれるべきではないというのが、日本側の論理です。こうして、近代日本で最初の海外派兵が行われるに至りました。

朝鮮をどう開国させたか

つづいて問題となったのは、朝鮮そのものです。日本は中国と朝鮮との関係を断ち切って、朝鮮に進出していきたいと考えていました。そのためには、きっかけをつかむことが重要でした。1875年5月、日本の軍艦雲揚号は朝鮮の釜山に入港し、朝鮮側の抗議を無視して発砲演習をしました。挑発行動をとったのです。つづいてその年の9月、ふたたび雲揚号はデモンストレーションを朝鮮近海で行って、朝鮮側の軍事拠点である江華島の砲台から砲撃をうけました。そして、両者は戦闘状態に入ったのです。日本側は、9月下旬に報復攻撃をしかけ、朝鮮の民家に放火したり陸戦隊が上陸して放火・略奪したりします。江華島事件です。

翌年2月、この事件の責任を追及するとして、日本の使節は朝鮮に赴きます。軍艦を引き連れて圧力を加えながら談判に臨み、その結果、日朝修好条規を締結します。この年の夏にかけて結ばれた一連の付属文書を含めてみると、これは完全な不平等条約です。

二つの港を開港する。居留地を認める。関税については互いに相談して決める（協定関税率、つまり朝鮮側に関税自主権はない）。領事裁判権、つまり治外法権を認める。日本の貨幣は朝鮮で自由に通用する。日本の貿易輸出品については関税をかけない。

こうした条規の中身と、締結の仕方をどう考えたらよいのでしょうか。20年前を思い浮かべてみてください。日本は欧米の威圧によって条約を結び、不平等な条件を押しつけられました。ですから、日本は欧米にならって朝鮮

に不平等条約を押しつけたということになります。もちろん、条約ですから、形式上、双方が合意したのは当然です。しかし、その背後にある力関係と論理を押さえておくことが大切です。力の論理によって序列化していく。欧米によって不平等を強制された日本が、朝鮮に対してはこれと同じような条件を強制したということになります。そして、このような条約にもとづく有利な条件のもとで、朝鮮への日本の進出が展開されていくことになります。ちょうど日本の幕末、欧米と日本が国際関係を開いた結果、国内市場が混乱して物価が騰貴し、尊王攘夷運動が高まって、欧米人への反発・対抗意識が強まっていったのと同じように、その後、朝鮮内部では日本の進出に対する反発が強まって、1882年7月の事件に至るのです（後述、142～145ページ）。

なお、日朝修好条規第一条は、朝鮮が「自主ノ邦」であることを双方で認め合うというものですが、これは、中国から朝鮮を切り離すということです。しかし、いうまでもなく清国側はこれを認めていません。以後この問題をめぐって、日清両国の間では衝突がつづき、結局、清国側が朝鮮を「自主ノ邦」と認めるのは、日清戦争に敗北してからです。ですから、1876年の規定は、まだ実体的な基礎をもつものではありませんでした。

3

「文明開化」と民衆

◆

① 「文明開化」とは何か

文明化・近代化はどのようにすすめられたか

　江戸時代は、身分にもとづく社会でした。これに対して新政府は、1869（明治2）年、江戸時代以来の士・農・工・商の「四民」の区別をあらため、公家・大名を華族、武士を士族、農工商の人びとを平民としました。つづいて平民にも名字の使用を認め、異なる身分の間の結婚や、職業・居所を自由としました。1875年には平民もすべて名字をつけるようにと命じました。他方、政府は1871年、戸籍法を定め、国民すべてを戸籍に登録する仕組みを固めていきました。以後、戸籍は徴兵、徴税、教育をはじめ、あらゆる行政の基礎台帳の役割を果たしていくことになります。

　新政府は西洋にならって積極的に近代化をすすめる政策をとりました。新しい知識や技術を学ぶため、積極的に留学生を欧米に送り出し、また、多くの外国人を雇い入れました。幕末から1874年にかけての留学生数は 575人にのぼり、渡航先はアメリカ209人、イギリス168人、ドイツ82人、フランス60人などとなっています。[*]新政府がどこから学ぼうとしていたかがわかります。他方、後者の御雇い外国人の人数は、明治初年より1889年までで、イギリス

＊石附実『近代日本の海外留学史』（ミネルヴァ書房、1972年）によりました。留学生については、渡辺実『近代日本海外留学生史』上・下（講談社、1977～78年）も参照。

928人、アメリカ374人、フランス259人、中国253人、ドイツ175人などで、合計2299人に及びます。*

廃藩置県直後の1871年11月には、すでにふれたように（73ページ）、特命全権大使右大臣岩倉具視以下の使節団を欧米に派遣しました。

一方、政府は1872年8月、学制を定め、学校教育の制度を発足させました。身分の差、男女の差なく、6歳以上の子どもはすべて学校に行かなければならないとしたのです。学ぶことは国民の義務となりました。全国の村々にはくまなく小学校が設置されていきます。

米納や時価による代金納の年貢収入は、米価の変動や豊作・凶作に影響されるため、不安定でした。そこで、廃藩置県によって全国の権力を握った政府は、租税改革に着手しました。まず前提として、1871年に田畑勝手作、つまり「作付の自由」を認め、翌年には田畑永代売買禁止令をといて地券を交付し、土地の所有権を認めました。そのうえで1873年、地租改正条例を定め、土地を調査して面積・収穫量を明らかにし、これにもとづいて地価を算定すること、土地所有者には豊凶にかかわりなく地価の100分の3の地租の納入を命じること、納入は金納とすること、を決定しました。地租改正事業は1880年前後には終了し、これによって政府は毎年定額の地租を現金で徴収することができるようになりました。

政府は農民の租税によって確保した収入を、産業を振興する政策（殖産興業）につぎ込んでいきました。まず、幕府の軍事工場をひきついで直営の造船所・軍事工場とし、鉱山経営などをすすめながら、1872年には官営の富岡製糸場を開業しました。1871年には郵便制度を発足させ、また、新貨条例を定めて近代的な貨幣制度を採用しました。1872年には新橋―横浜間に鉄道が開通し、1874年には青森―東京―長崎の間に電信が開通します。

政府は時間の流れも大きく組み替えていきました。1872年には太陰暦を太

＊ユネスコ東アジア文化センターによる研究、『資料御雇外国人』（小学館、1975年）を参照。なお、御雇い外国人については、『お雇外国人』全17巻（鹿島研究所出版会、1968～76年）が最もまとまっています。

3 「文明開化」と民衆

陽暦に切り替え、1日を24時間、1週間を7日とし、日曜日を休日としました。紀元節・天長節など天皇と結びつく記念日を祝祭日にし、節句などを祝うこれまでの民間行事は禁止しました。また、チョンマゲ・お歯黒・盆踊りなど、さまざまな風俗・習慣を「陋習(ろうしゅう)」と批判し、行政の力で「文明」化をはかろうとしました。これについては、後で詳しくみます（90～97ページ）。こうした政策とあいまって、民間でも都市を中心に文明開化の風潮が広がり、洋服・肉食・建築など衣食住の洋風化が目をひくようになっていきました。煉瓦づくりの建物が並ぶ東京銀座には、ガス灯がともる開化の情景が出現し、それは次第に地方都市へも広がっていきました。

民衆は文明開化をどう受けとめたか

学制によって新しい教育制度がスタートをきりました。しかし、当時の子どもたちは、家の仕事や子守などを受けもつ働き手でしたから、学校は親から貴重な働き手を"奪う"という側面をもちました。また、学校の建設費や授業料は民衆の負担となったため、民衆のなかには学校への反発も強くありました。そこで、行政側の督促や強制にもかかわらず、就学率はなかなかあがらず、1880年代になっても50％に満たなかったのです。さらに通学率となると、30％前後にとどまりました。

徴兵令によって、これまで軍事とは無縁だった国民にも兵役が義務づけられました。男子は20歳になると徴兵検査を受け、3年間、軍隊に入らなければならないこととなったのです。このため民衆は、さまざまな方法で徴兵を逃れようとしました。最初の徴兵令では、一家の主人、跡継ぎ、官吏、一定の金額を納めたものなどは徴兵を免除されていました。このため、次男以下のなかには、跡継ぎのいない家の養子になるなどして兵役を逃れる者も多く

＊岡田芳朗『明治改暦 「時」の文明開化』（大修館書店、1994年）などを参照。なお、時間と近代化のかかわりは、日本史に限らず、最近、とみに関心の高いテーマとなっています（福井憲彦『時間と習俗の社会史』ちくま学芸文庫、1996年。『ときの地域史』〈地域の世界史6〉山川出版社、1999年。ドールン-ファン・ロッスム『時間の歴史』大月書店、1999年）。

いました。1879年の免役者は徴兵該当者の96％にのぼり、さらに、その96％が一家の主人と跡継ぎ関係者でした。そこで政府は何度も徴兵令を改正して免除の幅を狭め、1889年にようやく国民皆兵にこぎつけます。

　他方、徴兵令によって軍事専従者としての士族の役割は否定されました。士族が家禄の給付をうける特権を廃止する秩禄処分も実施されていきます。1873年12月の家禄税設置、百石未満の下級士族に対する家禄の奉還許可と、奉還者への一時賜金給与、75年9月の家禄・賞典禄の金禄への改定を経て、76年8月の金禄公債証書発行条例の公布によって、ついに秩禄制度は廃止されることになります。これは、士族にとって大きな経済的打撃でした。さらに1876年3月には廃刀令によって帯刀が禁止されます。このような政府の近代化政策に不満をいだく士族たちは、1874年には佐賀で、1876年には九州地方や山口県で、あいついで士族反乱をおこしましたが弾圧され、翌年の西南戦争では政府軍に敗北して、以後、武力抵抗の道は閉ざされました。

　では、逆に兵士になることが義務づけられた一般庶民の側はどうだったのでしょうか。1873年に徴兵制度が定められると、生き血を搾り取られるといううわさが広がり、西日本の各地では参加者数万人の一揆があいつぎました。「徴兵告諭」(1872年11月)の説明――人である以上は生血で国に報いなければならない。西洋人はこれを血税と呼んでいる――を、民衆が誤解したからだといいます。しかし、人びとを行動に駆りたてたのは、単純な無知による誤解ではありませんでした。新政策によって価値観や生活観を根本から揺るがされた民衆には、不安・不満・恐怖が広がっていたのです。しかも、徴兵は文字どおり「血税」として、農民に新しい負担を強いるものでした。

　また、政府は地租改正に際して、年貢収入を維持することを目的として地価を算定していきました。このため農民の税負担には基本的な変化はなかったのです。そこで1876年には地租改正反対一揆が三重県・茨城県などでおこり、翌年、政府は地租の率を100分の2.5に引き下げざるをえませんでした。

「文明開化」のとらえ方はどう変わってきたか

　では、新政府の成立後、廃藩置県を画期として急ピッチですすめられたこのような文明開化を、歴史学はどのようにとらえてきたのでしょうか。以前の研究では、改革の不徹底さや、近世との連続面を強調する傾向も強かったのですが、近年はむしろ近世との断絶、変革の徹底ぶりを強調する傾向が強まっています。また、「文明開化」が民衆の日常性に激変をもたらし、生活や意識を外から、上から規制していったことが明らかにされてきています。特徴的な研究や見解をみてみましょう。

　前述の岩倉使節団については、以前から条約改正とかかわって注目されてきました。しかし、1970年代半ばから、使節団そのものと使節団の公式記録である『米欧回覧実記』が脚光をあびることになりました。使節団が帰国後、明治政府の主導権を握ること、欧米諸国のあらゆる分野を精密・丹念に視察していること、使節団が常に近代天皇制の創出を念頭においていたことなどから、その意義が強調されるに至ったのです。しかし、使節団の「強靱な精神」に高い評価を与える立場*と、欧米文明に対する信仰、アジア「未開」「野蛮」観、「脱亜入欧」によるアジアのリーダー化という、近代天皇制を貫く対外認識の原型を求める立場**では、岩倉使節団の評価は対照的なものとなります。

　日本の近代化を西欧にならってすすめるため、明治政府は二つの方向で〝人的国際交流〟をはかりました。一つは、〝日本から西欧へ〟と新知識を求めて出ていく方向で、留学生がこれを代表します。もう一つは、〝西欧から日本へ〟と新知識の転移・流入をはかる方向で、御雇い外国人がその典型です。後者の御雇い外国人研究は、明治百年記念の動きと連動してすすめられ、これらの研究成果によって多様な領域での御雇い外国人たちの活動が鳥瞰できるようになりました。それは、日本近代化の過程が、いかに西欧の御

　＊たとえば、芳賀徹『明治百年の序幕』〈大世界史21〉（文藝春秋、1969年、のち、『明治維新と日本人』と改題して講談社学術文庫に収録）。
　＊＊前掲、田中彰『「脱亜」の明治維新－岩倉使節団を追う旅から』。

雇い外国人の力に依拠するものであったかを思い知らせてくれます。
　これに対して、留学生に関する研究は、かなり立ち遅れています。留学生を主体とする明治初年の知識人にとって、西欧は日本近代化のモデルでした。彼らは実際に西欧を体験し、または書物や教育を通じて西欧を学びました。そして、官吏として、啓蒙思想家として精力的な活動を展開しました。こうした知識人たちの文明認識は、つぎにみるような福沢諭吉と基本において共通するものでした（86〜89ページ）。福沢は、野蛮は半開にすすみ、半開は文明にすすみ、その文明もまたさらに高次の文明にすすむと見ました。そして、野蛮→半開→文明という文明発達のはしごを横倒しにして世界の上に重ねました。＊すると、ヨーロッパとアメリカは最上の文明国となり、トルコ・中国・日本などのアジア諸国は半開に、アフリカ・オーストラリアは野蛮となります。こうした「文明」史観、単系的発展段階論は、福沢に限らず、当時の知識人たちや後述の自由民権派をも広くとらえていました。
　では、こうした文明化の流れを民衆はどう受けとめ、どう対応したのでしょうか。日本近代史において、民衆に主軸をすえて歴史をとらえる研究潮流が成立したのは1960年代のことです。このような民衆の視点に立った時、日本の近代化がどのような姿をとって立ちあらわれてくるのかは、二度の『岩波講座日本歴史』の間の、「文明開化」認識の落差に象徴的にあらわれています。
　1962年の『講座』に「文明開化」を書いた大久保利謙氏は、政府の上からの近代化政策＝文明開化政策が、これに対抗する下からの運動＝自由民権運動の登場によって分解していくとの見通しを提示しました。しかし、一般民衆による政策受容の問題については、「実証的に測定することは容易ではない」として、学制の強行に対する民衆の反発を例示するにとどめました。
　これに対して、1975年の『講座』で「啓蒙思想と文明開化」を扱ったひろた・まさき氏は、民衆のなかに豪農層、底辺民衆、奈落と辺境の民衆という

　＊この着想は、小谷汪之『歴史の方法について』（東京大学出版会、1985年）から得ました。

三層の構造を設定し、民衆意識の全体像に迫ろうとしました。その結果、西洋近代思想を摂取して民権期に飛躍する豪農層（「開化」）に対して、「文明開化」を「全く異質で敵対的なおどろおどろしい世界」「巨大な敵対者」ととらえ、これに反発・反乱する底辺民衆（「反開化」）の姿が強調されてくることとなりました。すでに、ひろた氏は、1970年に「民衆の生活を圧迫・破壊する反人民的開化政策がまさに欧米文明を後光とするが故に、民衆は開化政策→天皇制政府→欧米文明へと反発を拡大させていく傾向をもった」として、「反文明意識の潮流」を提示していました。*

こうして、民衆に立脚することによって、西欧と文明は相対化されました。権力者・エリートの視点だけでは、日本近代化の実像はとらえきれないといえます。そこで、つぎにこのような観点から福沢諭吉がめざしたものに検討を加え、つづいて民衆生活のありようを絞って開化の意味を探ってみることにしましょう。

② 文明化への啓蒙

日本は何をめざすべきか——福沢諭吉のとらえ方

視察や留学から帰った人びとによって、欧米のようすが紹介され、西洋の文明や思想がさかんに伝えられました。とくに大きな影響を与えたのは福沢諭吉です。

福沢は明治維新によって新政府が成立する以前、幕府の役人として三度、欧米に足を踏み入れていました。そして、その体験を踏まえて幕末から明治初年にかけて、ヨーロッパ文明の普及と宣伝につとめます。1866（慶応2）年には『西洋事情』初編三巻を刊行し、西洋文明のさまを伝えます。1869（明治2）年刊の『世界国尽（くにづくし）』では、世界の国ぐにに対する福沢の見方が、いっそうはっきりとあらわれます。ヨーロッパ文明のすばらしさを描

＊ひろたまさき「文明開化と在来思想」（『講座日本史』5、東京大学出版会、1970年）。なお、ひろた氏のこれらの論文は、『文明開化と民衆意識』（青木書店、1980年）に収録。

き、日本もまたその道を歩むべきだとします。教育、文化の向上をはかって、ヨーロッパ文明に学んでいくべきだというのです。

　彼は、世界の国ぐにの地理的な配置のうえに、文明の発展段階を重ねあわせます。もっとも先にあるのはヨーロッパ文明であり、つぎに日本ないしそれに追いつこうとする国ぐにがあり、その後ろには未開ないし野蛮の国ぐにがあるとします。未開とはアジア、野蛮とはアフリカです。地理的な配置のうえに、文明というタテの尺度をヨコ倒しにして重ねあわせ、平面の地理的な関係を、タテに序列化するのです。

　1869年に書いた『掌中万国一覧』では、人間のようすを区別すると二つ、つまり蛮野と文明になると言っています。蛮野とは常に居所が定まらず、食べ物を追ってあちこちに動きまわること、文明とは定着して礼儀を知り工業・技術をすすめて天から与えられた幸福を受けることだそうです。この二種類をさらに渾沌・野蛮・未開・開化文明の四種類に分けています。まず渾沌とした状態があり、つぎに野蛮な状態があり、それからさらに未開にすすむ。そして最後に文明開化が訪れるというのです。

　福沢は、このような文明認識と世界認識をもちながら、やがて政府の最大のイデオローグとなり、国民教化をすすめていくことになります。その節目となるのが、1872年から76年にかけて刊行された『学問のすゝめ』でした[*]。『学問のすゝめ』は「天は人の上に人を作らず、人の下に人を作らず」という有名な人間平等宣言ではじまる歴史的な文書です。しかし、人間には貧富の差、貴賤の差がある、それはその人が学ぶかどうかにかかっていると、人びとに学ぶことの意義を説きます。

　これは、当時、一大ベストセラーとなりました。ちょうど政府が学校教育制度を開始した時期に対応しています。各地方の学校では、『学問のすゝめ』を備えたり、テキストにしたりして、勉強がすすめられました。新政府の教育政策は、福沢の教育思想と結びついていたのです。

＊福沢諭吉『学問のすゝめ』（岩波文庫、1942年）。

『学問のすゝめ』と『文明論之概略』

　つぎに学問論というよりも、福沢が対外認識ないし日本の国際的な位置をどう考えているかを、『学問のすゝめ』に探ってみることにしましよう。福沢は、人間平等だけでなく、国家間の平等ということも言っています。初編では、つぎのように主張します。

　　日本もヨーロッパ諸国と同じ天地の間にある。同じ太陽に照らされ、同じ月を眺め、同じ海にある。空気も同じだ。心持ちも同じ人間である。だからこちらで余るものは向こうに渡し、向こうで余っているものはこちらにもらって、互いに取り合い、教え合い、学び合う。恥じたり誇ったりすることなく、互いに幸福を祈っていく。道理のためにはアフリカの黒人にも恐れ入り、道理のためにはイギリスやアメリカの軍艦も恐れない。国の恥だという時には、日本国中の人民は一人残らず命をすてて国のために戦う。これが重要だ。一国の自由独立こそが大事だ。

　つまり、福沢は人間の間での自由平等と同じように、国家の間の自由平等、対等平等を主張していたのです。それは、ヨーロッパ列強に対して対等平等を主張しようとする発想と結びついています。このような自由と独立は何によって保障されるのかといえば、それは国民の自覚、自主的な気風です。これが背後になければならないというのです。つまり、彼の言葉で言えば、「一身独立して一国独立する」です。外国に対してわが国を守ろうとすれば、自由独立の気風を全国に充満させ、貴賤上下の区別なく、その国は自分のものだという、自己と国とを結びつける気風をつくっていくこと。それぞれが封建的な屈従した気風にあっては、国のことは自分のことだと考える人間は生まれてこない。それぞれの人間が自覚した個人として自由にならなければ、一国の運命を自分のことと考えて、立ち上がろうとする精神は生まれてこない。その意味で、国内における民主主義、個人的な自由と、国家的な独立、ナショナリズムとは一体のものとしてとらえられていたといえます。

　しかし、このような国内の民主主義と対外的な独立の結合という考えは、やがてズレを見せ、変質しはじめていきます。1875年、彼は『文明論之概略』という書物を書きあげます。このなかで、さきにふれたような文明によ

る世界の序列化をいっそうはっきりと打ち出します*。

　文明の発展段階は、野蛮から半開、文明へとすすむ。今、世界の文明を論じてみると、ヨーロッパ諸国ならびにアメリカ合衆国が最上の文明国である。トルコ・中国・日本などアジアの諸国を半開の国と称する。アフリカおよびオーストラリアを称して野蛮の国と言う。

　文明による物差し、発展段階のタテの物差しをヨコに倒すと、これが世界の上に重なって、世界は文明によって序列化されていくことになります。文明というのは半開に比べれば文明です。しかし、半開も野蛮に比べれば文明です。つまり、物差しは相対的です。ですから、文明のなかにも高い文明と低い文明があるということになります。中国は西洋に比較すれば半開です。しかし、中国をアフリカの国ぐにに比較すれば、あるいは日本を蝦夷に比較すれば、文明だと言うのです。また、西洋諸国を文明だと言ってみても、それは今のところそうだと言うにすぎないのであって、細かく見てみれば本当の文明国かどうかはっきりとは言えないとします。たとえば戦争。これは世界でこのうえない災いだが、ヨーロッパではつねに戦争をやっている。泥棒や殺人は人間の一大悪事だが、ヨーロッパにはこれがある。あるいは外国との交際の方法は権謀術策、さまざまな企みをもってやる。だから、それが本当の文明かどうかは別問題だというわけです。

　このように今のありようがベストではないが、相対的には文明だというのです。文明には限りがないので、満足はできないが、ヨーロッパ諸国は相対的には文明だから、当面、これを目的としなければいけないというのです。

＊福沢諭吉『文明論之概略』（岩波文庫、1931年）。

4

開化と民衆生活

◆

開化の街頭に何があらわれたか

　新政府が成立してほどない1870年代、政府は積極的に西洋文明をとりいれようとする政策を推し進め、政治・経済・社会の近代化をはかろうとしました。しかし、民衆にとってそれは生活の激変を強いられ、新しい負担を求められるものでもありました。「文明開化」は民衆の日常生活にどのような変化をもたらしたのか、とくに風俗の側面に焦点をあてて探ってみることにしましょう。

　この絵 a は1874（明治7）年の銀座通りの情景です。道の両側には洋風建

a　広重画「東京開化名勝京橋石造銀座通り両側煉化石商家盛栄之図」（三枚続、1874年）

＊小西四郎『錦絵幕末明治の歴史⑥　文明開化』（講談社、1977年、76〜77ページ）。

築が立ち並び、桜や松の街路樹が植えられています。この文明開化の街路を、乗合馬車や人力車が走り、和洋入り交じった風俗の人びとが行き交っています。

江戸時代以来の銀座の町が大火で焼失したのは、2年ほど前の2月、その焼け跡で新しい煉瓦の街づくりが始まったのは前年の春です。そして、京橋・銀座一帯の再建がほぼなったのはこの年7月。12月には街路の両側にガス灯がともります。この絵には、首都の一角にあらわれた「開化」の一瞬が鮮やかに描き出されています。

ところで、絵の左端の店先を見てください。通りを見やって立っている人物がいますね。線の入った帽子をかぶり、左脇には棒をはさんでいます。腰のベルトにあるのは取り縄です。この人物は、この年1月、東京に設置された警視庁の巡査です。彼の職務は、「区内人民ノ健康権利ヲ保全シ風俗ヲ正ス」ことです。担当区域内をパトロールして、治安の維持にあたるのです。

東京では、すでに3年前、邏卒（らそつ）という名称で3000人のポリスが置かれ、ついで1000人の増員がはかられていました。そして、この年、邏卒は巡査と改められ、東京府下に6000人が配置されることになったのです。

開化の波は、東京から全国の拠点都市へ、さらに地方都市へ、そして、その周辺地域へと押し寄せていきます。開化の街頭に登場したポリス制度もまた、こうした流れのなかで全国に広がっていきました。

「美しい町」はどのように生まれたか

「新潟は美しい繁華な町である」——1878（明治11）年7月、新潟を訪れたイギリス人女性イサベラ・バードは、こう書いています。

「旧市街は、私が今まで見た町の中で最も整然として清潔であり、最も居心地の良さそうな町である。（中略）藁（わら）や棒切れが一本でも、紙一枚でも散れば、たちまち拾いあげられて片づけられてしまう。どんな屑物でも、

＊以下、警察については、大日方純夫『日本近代国家の成立と警察』（校倉書房、1992年）を参照してください。
＊＊高梨健吉訳『日本奥地紀行』（平凡社、1973年、132～135ページ）。

箱やバケツに入っていないときには、一瞬間でも街路に捨てておくことはできない。」

ところが、バードが訪れるわずか6年前、新潟県当局は、市街のありさまは、道路はもちろん堀川に至るまで不潔で汚く、その臭気は健康を害するのみならず醜態このうえなく、じつに恥ずべきことであると述べていました。

では、外国人女性の目に「清潔で絵のように美しい」と映った街路は、一体どのようにしてここ新潟の町に出現したのでしょうか。

かつて新潟の市街は、家々がそれぞれ軒下に尿壺を置いて、これで用を足していたといいます。ところが、1872年5月、県当局は、汚いばかりでなく、臭く、伝染病のもとにもなるとして撤去を命じました。ついで7月、「新潟市中心得書」というものを定めて、その徹底と厳守を命じています。県当局は新潟の町をどう変えようとしたのでしょうか。

「心得」はつぎのように定めています*。これまで市中のあちこちにゴミ捨て場を設けていたが、だんだん積み重なって腐り、臭く、病気流行のもとになっている。そこで、今度残らず取り壊し、掃除人足を雇って、朝夕、道路を掃除させる。それぞれの家では軒下を毎日掃除して、ゴミは軒前にまとめて積んでおくように。また、軒前の小便所は見苦しいので残らず壊し、それぞれ裏向きに設置せよ。新たに各横町に小便所を設置したので路上に小便をするな。このように命じています。さらに、「素膚裸体」をあらわにすることは人間にあるまじき行為であり、獣と同じだから禁止するとしています。今後、素膚で道路を通行したり、店先に座ったりするものは、老人・子どもや船頭などであっても厳禁だというわけです。

県当局は、これらに違反したら容赦なく処置するとしています。その徹底をはかるのは、邏卒、つまりポリスの役目でした。邏卒に巡回させ、火の元や盗賊の取り締まりを厳重にするとともに、掟にそむく者を見つけたら取り締まるというのです。7月にはこれを徹底させるため、違反者には罰金を課するとしました。小便所の禁、裸体の禁、道路妨害の禁、ゴミ投棄の禁など

---

*「府県史料」(国立公文書館所蔵、新潟県史料、新潟県史、制度部、禁令)。

を犯した者からは、罰金を徴収するというのです。強制は民衆の日常生活にも及んでいきました。男女混浴を禁止し、散髪を強制しています。

新潟県三条の松永嘉平という人の記録には、「散髪厳重、捕亡吏(ほぼう)数名市中を廻り髪を切る」「散髪被仰出候後(おおせいだされそうろうのち)、人心動揺、異説区々」と記されています。*警察官が散髪を強制して歩いていたのです。それを証明するかのように、1873年4月の県の通達には、今後、邏卒に申し付け、散髪しない者を見かけ次第屯所へ引き立てるとあります。開化の象徴、"ザンギリ頭"もまた、警察の力によって強制されていたことになります。

ただし、このような強制にもかかわらず、風俗の組み替えがたやすくなかったことは、その後もたびたび県当局が徹底を命じていることによく示されています。たとえば、1874年4月、新潟県の高田取締所の捕丁（警察官）はつぎのように伺いでています。**巡回して説諭しているが、苦情が多く、制することができない。強いて説得すべき手段もなく、難渋している。さりとて傍観していては御趣旨にももとるので、今後どうしたらよいか心得を伺いたい、というのです。

休日の組み替え、娯楽への規制も権力的でした。1872年10月、これまで民間ではいわれなく休日にし、互いに誘いあって遊蕩(ゆうとう)に陥る者があったが、これは職業を怠り、風俗を乱すもとであるとして禁止し、休日を定めました。今後は定めた日のほかは集まったり誘いあったりしてはならないというのです。また、1873年7月、これまで盆踊りと称して男女が入り交じって奇異の風体をし、踊ったり走ったりする風習があったが、これは風俗を乱してよくないから固く禁止する、ついては今後このような所業があったら厳重に処分するとしています。

こうして、新潟県に例をとって見たように、民衆のなかの「風俗」は、行政権力の「開化」のふるいにかけられ、あるものは解体、追放され、あるものは再編成を余儀なくされていきました。それを強いる力は「処分」の圧力

＊「蔵旬漫筆」（『日本庶民生活史料集成』第12巻、三一書房、1971年、246〜247ページ）。
＊＊『新潟県史』資料編14（新潟県、1983年、896〜897ページ）。

4 開化と民衆生活

であり、その執行者は警察でした。このような動きは、もちろん、新潟の町だけのことではありません。多かれ少なかれ、日本の各地で同じような動きが起こっていたのです。

民衆はどう取り締まられたか

1873（明治6）年1月、新潟町の邏卒は、県当局に伺いをたてました[*]。1872年秋以来、「開化進歩ノ教育」に尽力し、「市街保護」のために尽力してきたが、われわれの職務には不十分なところがある。違犯者からはわずか2銭を徴収するに過ぎないため、この手ぬるい扱いに甘えて、改心するようすがなく、ややもすると邏卒を非難したりする。また、道路の障害物や軒下の干し物などは、邏卒が来るのを見ては隠し、過ぎ去るのを待ってまた出す。これではいかに尽力しても効果がない。そこで、現在、中央の司法省が採用している違式詿違罪例にならって規則を改正し、罪の軽重によって罰金の多少にも差をつけ、いっそう厳重に処置したい。伺いの内容はこのようなものでした。

こうした流れのうえに、1873年4月、新潟県でも違式詿違条例が定められ、まず、新潟港に限って施行することとなりました。違式詿違条例とは、今日の軽犯罪法に類する法律で、1872年11月、東京で最初に定められたものです。「違式」とは掟にそむくことで、故意の犯罪、「詿違」とは誤って掟をおかすことで、過失の犯罪をさします。したがって、前者により重い罪が課せられました。違反者には罰金が課せられ、支払えないものは笞打たれたり、拘留されたりしました。処罰はこれまでに比べ格段に重くなり、しかも、処罰の対象はいよいよ広げられていきました。規制は風俗に関するもの、道路・交通に関するもの、衛生に関するもの、防火・旅宿に関するもの、秩序に関するものなど、とても広い範囲に及んでいます。

違式詿違条例は漢語交じり、漢文くずしの文体でしたから、当時、絵でその内容を説明することがはやりました。東京をはじめ、地方でも出版され、

＊前掲『新潟県史』資料編14（107ページ）。

いたるところの書店や絵草紙屋の店頭にこれがあったといいます。東京の条例について説明した絵をいくつか見てみましょう。絵bは、条例違犯者が笞打たれようとしているところです。また、絵cの左側は男女混浴営業の禁止、右側は裸体の禁止を説明したもので、中央では「ごめんなさい、ごめんなさい」と手を合わせる裸の男が、警察官に棒で打たれようとしています。このように警察官がひんぱんに民衆を拘引する情景は、全国各地で見られたことでしょう。

b　昇斎一景画「画解五十余箇条」から　1873年頃

c　同上

（注）この頁の脚注＊～は97ページに掲載。

絵dは、1874年に刊行された『東京開化繁昌誌』という本にある「鄙人露腿して巡査に咎らる図」です。この本の中の民衆は、「往来はゞの広がる程、漸々に窮屈なる、世は不自由に成にけり」と嘆いています。

引き立てる巡査と声をあげる男——絵eは画家河鍋暁斎が『開化問答』という本に書いた挿絵です。この本に登場する〈旧いもの〉の代弁者「旧平」という名の人物は、こんなふうに文句を言っています。違式だの、註違だのという名目を設けて、あたかも呉服

4　開化と民衆生活

屋が商いをするように罪科の値段を決めておき、法に触れる者があるとたちまち屯所につれていって罰金を取りあげる。いれずみする者があれば罰金、肌ぬぎや尻からげしている者があれば罰金、道ばたに小便するものがあれば罰金、犬を闘わせれば罰金、たこを揚げれば罰金、ヤレ罰金、ソレ罰金と、何でも罰金を取りあげる。しかし、いれずみは鳶職人や人力車夫が威勢をよくするためにするもので、世間には何の妨げにもならない。誰も寒中に肌をぬぐ気遣いはない。暑いからこそ肌をぬぐのだ。裾がまつわりついて邪魔だからまくりあげるのだ。

犬を闘わし、たこを揚げるのは子どもの楽しみではないか。このように、「旧平」は庶民の立場から、強いられる「開化」に異議を申し立てています。

しかし、結局のところ、刑罰をかざした権力=警察によって風俗は選別され、国家による「文明」の鋳型に流し込まれていくことになります。しかし、はたしてそれで終わったのでしょうか。

民衆の本心はどうだったか

1878年7月、新潟をたったイサベラ・バー

d 『東京開化繁昌誌』挿絵「鄙人露腿して巡査に咎らる図」

e 河鍋暁斎画『開化問答』挿絵

ドは、その後も旅をつづけ、山形県から秋田県に入りました。そして、横手の北、六郷を出たところで、つぎのような情景に遭遇したのです。*******

「私の車夫は、警官の姿を見ると、すぐさま土下座して頭を下げた。あまり突然に梶棒を下げたので、私はもう少しで放り出されるところだった。彼は同時に横棒のところに置いてある着物を慌てて着ようとした。また人力車を後ろで曳いていた若い男たちも、私の車の後ろに屈んで急いで着物をつけようとしていた。私はこのような情ない光景をみたことがない。私の車夫は頭のてっぺんから足の先まで震えていた。」

人力者夫は地面にはいつくばって、警官が話すたびに、頭を少しあげてから以前よりも深々とお辞儀をしたといいます。たいそう暑い日だったのでバードが取りなしてやると、警官は他の場合なら逮捕するのだが、外国人に迷惑をかけるから今日のところは大目に見ようと言った、といいます。おびえあがり、頭を下げる裸の人力車夫。しかし、つづいてバードは、つぎのような情景をも目にしたのです。

「私の車夫はまったく年配の男で、二度と元気よくならなかった。しかし道路を曲って、警官の姿が見えなくなると、二人の若い車夫はたちまち着物を放り出し、大声で笑いながら、梶棒をとり全速力で駆け出したのである！」

国家・法の後光を背負った「開化」の推進者である警察の前で、表向きは「開化」の世界に服従しつつ、裏面ではしたたかに「伝統」の世界に生きる民衆。その縮図がここにはあったと言えます。こうした民衆世界が、上層・表層の「開化」とは別に、その後も、近代日本の底には流れていたのではないでしょうか。

＊『明治文化全集』法律篇（日本評論社、1929年、11ページ、尾佐竹猛「解題」）。
＊＊昇斎一景画「画解五十余箇条」（小木新造ほか編『風俗 性』〈日本近代思想大系23〉岩波書店、1990年、30ページ）。
＊＊＊同前（32ページ）。
＊＊＊＊『明治文化全集』風俗篇（日本評論社、1928年、235ページ）。
＊＊＊＊＊『明治文化全集』文明開化篇（日本評論社、1929年、141ページ）。
＊＊＊＊＊＊大日方純夫『天皇制警察と民衆』（日本評論社、1987年、43〜44ページ）。
＊＊＊＊＊＊＊前掲『日本奥地紀行』（175ページ）。

◆*Coffee break* ②

トルコの「維新」
——タンズィマート

　大日本帝国憲法こそアジアで最初の憲法だと言う人がよくいます。しかし、その13年も前に憲法をつくったアジアの国があります。トルコです。

　オスマン・トルコ帝国は、かつては勢威を振るっていましたが、18世紀の末から、バルカン諸民族の民族的な目覚めに悩まされるようになりました。さらに、1838年にはイギリスと通商条約（不平等条約）を結び、政治的・経済的な従属を強めていきます。そうしたなかで着手されたのが、近代化をはかろうとする改革でした。1839年、トプカプ宮殿内のギュルハネ庭園で勅令が発表され、改革の開始が宣言されます。以後、1876年にかけてすすめられた改革を「タンズィマート（諸改革）」と呼んでいます。

　改革とそのもとでの教育は、新しい官僚・知識人を生みだしました。日本の文明開化から民権運動（つぎのⅢでみます）への流れを思い浮かべてみてください。西欧の言語や自由主義思想を学んだ彼らは、スルタン（皇帝）の専制政治の廃止を主張し、宮廷の浪費を批判するとともに、不平等条約の改正、ヨーロッパ列強の経済的な特権の廃止などを求めて、立憲制の樹立を目標とする運動をおこしました。「新オスマン人」による立憲運動です。日本で「文明開化」がすすめられていた頃のことです。

　そうしたなか、1876年に改革派官僚のミドハト＝パシャが憲法草案を発表し、これがトルコ（というよりもアジア）最初の憲法として発布されることとなりました（ミドハト憲法）。1877年には議会も開会されます。

　ところが、保守派の巻き返しと、折からの露土戦争での相次ぐ敗北によって、1878年、議会は解散され、憲法は凍結されてしまいます。こうしてトルコの第一次立憲制は終わりを告げ、専制政治が復活することとなります。

　なお、トルコで憲法が復活するのは、その30年後の1908年、日本の日露戦後の時期にあたります。

III

民　権

【この章のねらい】

　この章では、西南戦争後の1878年から、帝国議会が開設される1890年頃までを扱います。自由民権運動の時代です。ただし、運動は1874年1月の民撰議院設立建白書の提出をきっかけとしておこりましたから、冒頭の概観の部分では、さかのぼって1874年からを扱います。時期的には、一部、前の章の時期と重なりますから注意してください。

　この章で具体的に分析するのは、民間での憲法起草の動きと、政党結成の動きです。ともに1880年前後の時期に高揚した運動のあり方と深くかかわっていますので、とくにクローズ・アップしてみることにしました。また、憲法と政党とは、ともに現在にもつながるテーマですから、過去に照らして現在を考えることも試みます。

　自由民権期の国際情勢はどのようだったのか、民権運動は世界とどうかかわっていたのかも、重要な研究課題です。ここでは、変化球でこの問題に迫ってみます。当時の漫画を素材にして、国際情勢のありようと国際認識のあり方を探るのです。漫画そのものをいろいろ掲げましたから、本文を読む前に、一体、何を描いたものなのか、謎解きのつもりで挑戦してみるのもよいでしょう。

【この時期の年表】

年	日　本	世　界
1878（明治11）	愛国社再興。	ベルリン会議。
1879（明治12）	琉球処分。	
1880（明治13）	国会期成同盟結成。集会条例。	
1881（明治14）	明治14年の政変。自由党結成。松方財政開始。	独墺露三帝同盟。
1882（明治15）	軍人勅諭。立憲改進党結成。福島事件。	露墺伊三国同盟。朝鮮で壬午軍乱。
1884（明治17）	加波山事件。自由党解党。秩父事件。	清仏戦争。朝鮮で甲申政変。
1885（明治18）	天津条約調印。大阪事件。内閣制度発足。	
1889（明治22）	大日本帝国憲法発布。	
1890（明治23）	教育勅語。帝国議会開設。	

1

「自由民権」とは何か

◆

自由民権運動はどのようにして生まれたか

　1874（明治7）年1月、前年10月の政変で参議を辞職した板垣退助らが、民撰議院設立建白書を政府に提出しました。実際に起草したのは、イギリス留学から帰国したばかりの古沢滋だといわれます。それは、官僚が政権を独占している現状を批判し、民撰議院（国会）を開くことを要求したものでした。参政権、つまり政治に参加する権利を士族と豪農商に限ったことから、当時、その主張は「上流の民権」と呼ばれました。また、租税を払うものが政治に参加するのは当然だという思想を、現在、研究者は租税共議権思想と呼んでいます。

　民撰議院設立建白書の意味は、たんに政府に提出されただけでなく、新聞に発表されて、議会をすぐに開くべきかどうかをめぐる論争を引き起こしたことにあります。掲載したのは、ブラックというイギリス人が発行していた日本語の新聞『日新真事誌』でした。日本で最初の新聞は、幕末、長崎・横浜の居留地で外国人が発行した英字新聞ですが、その後、明治の初めにかけて、日本人による新聞も発行されるようになり、1870年には最初の日刊紙が創刊されていました。江戸時代の瓦版にかわって日刊の新聞が発行され、新聞が読者に定期的に情報を届ける時代がはじまっていたのです。

　この民撰議院論争をきっかけに、新聞のなかには民権の主張を掲げて激しく政府を攻撃するものもあらわれました。また、さまざまな民権派の雑誌も創刊されました。これに対して政府は、1875年6月、新聞紙条例と讒謗律

（悪口を取り締まるという口実で政府・官僚への批判を封じた法律）を定め、記者を投獄するなどして弾圧を強めました。

　一方、1874年4月、板垣らは土佐に立志社を創立し、人は生まれつき平等であり、どのような権力も権利を奪うことはできないと宣言しました。このような思想を、天賦人権思想と呼んでいます。イギリスの思想家、ホッブスやロックによって生み出された近代思想です。それは、イギリス革命、アメリカ独立、フランス革命などの指導精神となったものでした。立志社につづいて各地で士族を中心とする結社が結成されていきました。1875年2月には全国の結社の連絡組織として、愛国社が創立されます。しかし、板垣がその直後に政府に復帰したため、自然消滅のかたちとなってしまいました。この段階の自由民権運動を、研究者は「士族民権」と呼んできました。

　政府に不平・不満をもつ士族たちが運動の担い手でしたから、士族反乱と共同歩調をとることもしばしばでした。佐賀の乱の中心人物としてかつがれたのは、民撰議院設立建白書に名を連ねた江藤新平でしたし、士族層の不満が政府批判をいよいよ激越なものにしました。1877年の西南戦争の際には、民権派士族のなかで西郷軍に同調する動きもおこります。しかし、西南戦争での政府軍の勝利は、武力による抵抗が不可能なことを不平士族らにさとらせました。

自由民権運動はどのようにして高揚していったか

　西南戦争の最中の1877（明治10）年6月、立志社は政府に建白書を提出し、国会の開設、立憲政体の樹立を迫りました。建白書はただちに却下されてしまいましたが、そこには自由民権運動の三大要求といわれる国会開設、地租軽減、条約改正が含まれていると研究者は指摘しています。とくに地租問題は豪農層が運動に参加する大きなきっかけとなりました。翌年、立志社は各地に呼びかけて愛国社を再組織しました。参加者は、最初ほとんど士族でしたが、その後、次第に豪農がふえていくことになります。

　豪農たちは各地で結社をつくり、学習活動をすすめながら、演説会の開催、署名集めなどの政治活動に取り組んでいきました。新聞は民権の主張を掲げ

て政府を批判し、各地の運動のようすを全国に伝えました。東京などの都市では、新聞記者、弁護士、私塾の教師などが結社をつくってさかんに演説会を開き、次第に民権の主張を強めていきました。士族中心の流れに、豪農層の流れ、都市知識人の流れが加わったのです。研究者のなかでは、以前は「豪農民権」の段階というとらえ方がされていましたが、近年は、愛国社系政社の潮流、在地民権結社の潮流、都市民権派の潮流といった三つの潮流に整理する説が有力です。[*]

さて、1880年3月、愛国社は国会の開設をめざす全国組織として、国会期成同盟を結成し、4月、国会の開設を求める請願書を政府に提出しました（受理されず）。各地の代表者も続々と上京して、建白書や請願書を政府に提出しようとしました。しかし、政府はこれらを受け入れようとせず、かえって集会条例を定めて取り締まりを強めました。こうしたなかで11月、国会期成同盟は第二回大会を開き、翌年の大会までに各政社が憲法草案を起草してもちよることなどを決定しました。また、運動の力を強めるため、政党を結成しようとする動きもおこってきます。

では、憲法起草の動きは、どのように展開していったのでしょうか。それは、やがて制定される大日本帝国憲法とどうかかわったのでしょうか。また、1881年には自由党、翌82年には立憲改進党という、自由民権運動を代表する二つの政党が結成されますが、その経緯はどのようなものだったのでしょうか。ともに1881年10月の政府決定、つまり1890年に国会を開くという国会開設の勅諭と深くかかわることになりますが、これについては、後で立ち入ってみることにして、先を急ぎます。

自由民権運動はどのようにしてくずれていったか

1882（明治15）年、政府は政党の活動に対して、集会条例・新聞紙条例を改めるなどして取り締まりを強めました。また、運動の切りくずしをねらっ[**]

　＊江村栄一『自由民権革命の研究』（法政大学出版局、1984年、55〜64ページ）。
　＊＊以下については、大日方純夫『自由民権運動と立憲改進党』（早稲田大学出版部、1991年、29〜51ページ）を参照してください。

て、自由党総理板垣退助を洋行させようとします。そして、板垣は一部党員の反対を押し切ってヨーロッパに出発してしまいます。外遊の資金は政府筋からでたといわれています。立憲改進党側は旅費の出所などを問題にして、板垣の外遊を批判しましたが、これに対して自由党側は、改進党の総理大隈重信と三菱との癒着を取りあげて改進党を攻撃しました。こうして、両党の関係は険悪なものとなったのです。

　一方、1882年11月、福島県では自由党員・農民と警察が衝突するという事件がおこりました。自由党の勢力が強い同県に、この年、〝自由党征伐〟を使命として県令（知事にあたります）三島通庸が乗り込んできました。三島は大規模な道路工事に着手して、県民を労役にかり出し、出ない者からは人夫賃を取り立てました。これに対して、自由党員が中心を占める福島県会は、すべての議案を否決することを決議し、対決姿勢を強めました。11月、県当局が代夫金の未納者に対する公売処分を強行し、指導者を逮捕すると、農民数千人が喜多方警察署を取り囲みました。これに対し警察は2000人を逮捕し、58人を内乱を計画したとして起訴しました。この福島事件後、関東地方の自由党員のなかでは、政府の弾圧に対して、挙兵とテロで対抗しようとする急進的な傾向が強まっていくことになります。そうした傾向を加速したのが、当時の経済情勢と農民たちの状況でした。

　政府が西南戦争の戦費を調達しようとして不換紙幣を乱発したため、戦後、通貨が膨張し、物価が高騰しました。これに対して、1881年に大蔵卿となった松方正義は、不換紙幣を整理し、正貨を蓄える政策をすすめました。1882年には中央銀行の日本銀行を創設して紙幣発行権を統一し、1885年には正貨兌換制を実現します。一方、1882年7月に朝鮮でおこった壬午軍乱（142～145ページ参照）をきっかけに、軍備を拡張するための大増税政策をすすめていきました。

　このような政策は激しいデフレーションを引き起こし（松方デフレと呼びます）、各地を深刻な不況がおそいました。米価や繭価は下落し、重税に苦しむ農民の間では、借金を返せずに小作農になったり、離村する者がふえていきました。一方、値下がりした田畑を買い集めたり、高利の貸し金のかた

にとったりして地主となる者もふえ、小作料収入で生活する寄生地主となっていきました。

　デフレの影響をもっとも受けたのは、東日本の蚕糸業地帯の農民でした。多くの負債をかかえた農民たちは、各地で地主や高利貸に負債の利子減免、元金の年賦払いなどを要求する行動をおこしました。これらのうち、組織をもって行動したものは、当時、困民党・借金党などと呼ばれました。

　1884年5月、群馬県の自由党員は、農民たちを組織して政府を倒すことを計画しましたが、高利貸を襲撃しただけで失敗に終わりました。群馬事件と呼んでいます。一方、福島・栃木・茨城の自由党員たちは、県令（知事）や大臣らの暗殺を計画していました。しかし、取り締まりが強く、結局9月、16人が茨城県の加波山で挙兵し、警官隊と衝突しましたが、敗れて各地で逮捕されてしまいます。7人が死刑となった加波山事件です。自由党の本部は党員のこのような動きを統制することができなくなり、10月末、ついに解党を決定します。弾圧の強まりや党の財政難が理由ともいわれています。同じ頃、立憲改進党のなかにも解党問題がおこり、12月、大隈らの幹部が党を離れてしまいました。

　さらにこの頃、自由民権運動は、対外問題でも大きな試練にさらされていました。1884年8月、清国とフランスとの間で戦争がおこりますが（清仏戦争、145〜148ページ参照）、この戦争は日本の国内に欧米列強のアジア侵略に対する危機感をかきたてることとなりました。そうしたなか、自由党の機関紙『自由新聞』も、日本はアジアに進出すべきだ、国内で政府と民間が対立するのはやめようと提案するようになります。国内を変革する「民権」よりも、日本の国威・国益を拡大する「国権」こそが大事だというのです。12月に朝鮮で甲申政変（親日派によるクーデターが清国の軍事介入によってつぶされた事件、148〜150ページ参照）がおこると、こうした傾向はいよいよ強まります。清国に対して断固たる措置をとるべきだ、日本の政府はなまぬるいという強硬論がひろがったのです。

秩父の困民党は何を求めたか

　ちょうど自由党解党の3日後、埼玉県秩父地方の困民党は、農民数千人を革命軍に組織して蜂起しました[*]。この地方の農民たちは、ほとんどが山間の傾斜地を利用して桑をつくり、養蚕で生活を支えていました。彼らにとって、1880（明治13）年頃のインフレ・好況は繭の高値を呼び、農村は活気に満ちました。ところが、1882年頃から松方デフレに直撃されて糸価は大暴落し、生活は破滅に追い込まれていきました。これに増税政策が追い討ちをかけ、税の未納で土地を公売処分せざるをえないものが続出しました。高利貸から借金しても返せない農民たちは、破産して逃亡していきました。一方、1883年から84年春にかけて、秩父地方では自由党に入党する農民があいつぎました。この秩父の自由党は、生活に苦しむ農民たちを組織して困民党をつくり、郡役所や警察署に高利貸を説諭するように請願していきました。しかし、これが聞き入れられなかったため、ついに蜂起したのです。

　1884年11月1日の夜、埼玉県秩父郡下吉田村の椋(むく)神社の境内には、3000人に及ぶ農民が集まっていました。彼らを前にして、総理（リーダー）の田代栄助は、農民軍の編成と役割分担を発表します。また、勝手に金銭を略奪してはならない、個人的な恨みで放火や乱暴をしてはならない、指揮官の命令にそむいてはならない、などの「軍律」が発表されます。野良着姿に白鉢巻・白だすきといういでたちの農民軍（困民軍）は、夜8時、神社を出発しました。夜半には竹ぼらを吹き鳴らし、ときの声をあげながら、小鹿野(おがの)町へとすすみました。そして、翌2日昼頃、秩父の町へなだれ込んだ困民軍は、郡役所に革命本部を置き、一時、秩父地方一帯を制圧することになります。しかし、3日、軍隊が出動し、銃撃戦となって敗走し、農民軍は壊滅してしまいました。

　蜂起に際して、農民軍の副大隊長大野苗吉は「天朝様（天皇の政府）に敵対するから加勢しろ」と、行動への参加を呼びかけています。また、困民党の総理田代栄助は、蜂起が成功したら、純粋な立憲政体を設立したいと語っ

---

[*]秩父事件については、井上幸治『秩父事件』（中公新書、1968年）を参照。

ていたといいます。デフレに苦しむ農民たちの願いが、政治改革への展望と結びあわされていたといえます。蜂起を自由民権運動の一環としてとらえようとする研究的立場です。これに対して、最近の研究では、高利貸の取り立てに苦しむ農民たちは、秩父の自由党員たちが指導するこの蜂起に、「板垣さんの世直し」を期待して参加したのだと主張されています[*]。つまり、幕末の「世直し」の延長上でとらえるべきだという主張です。

解体された自由民権運動のゆくえ

さて、この秩父事件以後、飯田事件・名古屋事件・静岡事件など、自由党員の蜂起計画は、つぎつぎに弾圧されていきます。また、1885（明治18）年には、旧自由党の大井憲太郎らが、武力による朝鮮の内政改革をくわだて、逮捕されました。大阪事件です。

こうして運動はいったん衰退しました。しかし、国会の開設が4年後に近づいた1886年、旧自由党員らの大同団結の呼びかけで、ふたたび運動が盛り上がる気配をみせました。1887年夏からは、政府に対して、地租軽減、言論・集会の自由、外交の挽回（条約改正）を要求する三大事件建白運動が全国に広がります。これに対し政府は、保安条例を定め、運動の中心人物を強制的に東京から追放しました。その後、翌88年には大同団結運動が高揚しますが、そのねらいは具体的な民権要求の実現よりも、国会で民権派が勢力を占めることになっていました。

十数年にわたって展開された自由と権利を求める民主主義運動は、1889年、政府に憲法を制定させ、その翌年には長らくの念願であった国会の開設を実現させました。ここに日本は何はともあれ、近代的な立憲国家となったのです。それは、たしかに国民の運動をぬきにしては語ることができない大きな成果でした。しかし、にもかかわらず、実現へのプロセスが、政府による運動の解体のプロセスと一体のものであったことは、その成果の内実に暗い影をおとしていました。憲法はある程度運動への譲歩を示しつつも、天皇に絶

＊稲田雅洋『日本近代社会成立期の民衆運動』（筑摩書房、1990年、219～231ページ）。

大な権限を集中して、国民の権利と自由を大きく制約しました。天皇を中核とする国家機構とイデオロギーは、憲法発布前後の諸改革によって成立し、憲法とあいまって、壮大な支配体制をかたちづくりました。初期議会における政府と民党の激しい対立に、民権運動の余燼はなおくすぶりつづけてはいましたが、地主政党・代議士政党に変質した自由党は、次第に政府との妥協の道を歩みはじめていくことになります。

自由民権運動のとらえ方はどう変わってきたか

　自由民権運動に関する研究は、近代史研究のなかでもっとも蓄積のあつい分野です*。研究は1950年代後半から60年代初めにかけての第一の高まり、70年代半ば以降の第二の高まりにつづいて、ちょうど自由民権運動から100年目にあたる1980年代、第三の高まりを迎えました**。研究は民権百年を記念する運動と結びついて展開され、さまざまな要求に根ざす運動の掘り起こしが全国各地ですすみました。また、自由民権運動の基本的な要求は、従来、国会開設・地租軽減・条約改正の三つに整理されていましたが、これに国約憲法・地方自治を加えて、五大要求とすべきだとの主張もあらわれました。さらに、運動の担い手として、士族や豪農に加えて、都市の言論人・ジャーナリストも注目されるようになりました。すでにふれたように、結社による集団的な活動を重視する立場から、愛国社系政社の潮流、都市民権派の潮流、在地民権結社の潮流の三つに運動は整理されました。

　このうち、もっとも早くから検討が加えられてきたのは愛国社系政社の潮流でした。また、戦後の第一・第二の研究の高まりの時期には、もっぱら在地民権結社の潮流に関心が寄せられていました。それに対して、第三の高まりの時期には、都市民権派の潮流に関する研究が大きくすすみ、また、あら

＊自由民権百年全国集会実行委員会編『自由民権運動研究文献目録』（三省堂、1984年）にリスト・アップされた文献を参照してください。

＊＊この第三の高まりの状況と意味については、大日方純夫「自由民権運動」（国際歴史学会議日本国内委員会編『歴史研究の新しい波』山川出版社、1989年、収録）を参照してください。

ためて愛国社系政社の潮流が顧みられるようになりました。

　しかし、この第三の高まりのなかで問題となってきたのは、そもそも自由民権運動とは何なのかという基本的な問題でした。それは、まず、自由民権運動と民衆の要求や民衆の運動との関係を問うなかで、問題化されてきました。民衆・民衆運動と民権運動との関連性・共通性を重視するそれまでの研究に対して、両者の違いを強調する傾向が強まってきました。民衆運動は民権運動とは別だという見解が強調されるようになったのです。さらに近代の「国民国家」をつくろうとする点で、あるいは日本の文明化をめざしているという点で、政府も民権派も同じだと主張されるようにもなっています。

　しかし、この問題については以上の指摘にとどめて、以下では、草の根に広がった憲法起草の運動と、運動の担い手を結集してつくられた政党の問題に焦点をあてて、過去と現在とを対話させつつ自由民権運動の今日的な意味を考えてみることにしましょう。

2

民衆による憲法構想

◆

① 憲法草案を書いたのは誰か

「憲法草稿評林」とは？

　現在の日本国憲法が公布されたのは、1946（昭和21）年11月3日ですが、その1年前頃、民間でもいくつかの憲法案が起草されていました。そのなかの一つに高野岩三郎という人が書いた憲法案があります。高野は統計学者で、当時、74歳。兄は日本の労働組合運動の父、高野房太郎です。

　高野岩三郎は、1946年1月、憲法私案を雑誌に発表しますが、その時、「囚（とら）はれたる民衆」という題で、憲法私案を発表する理由を書きました。兄房太郎の労働組合運動が自然発生的だったのと同じく、自分の民主主義観は自然発生的だというのです。[*]

　　私の青少年時代には我国には仏蘭西（フランス）流の自由民権論旺盛を極め、国会開設要望の声は天下を風靡（ふうび）した。貴族もなく、財閥もなく、頻りに打倒を叫ばれたのは、薩長藩閥打破、即ち近来の用語を以てすれば軍閥打破の声であった。此時代には又一方に帝王神権説を唱ふるものあれば、他方には主権在民の共和の政体論を主張するものありと云ふ有様であった。

　高野はこのように書いています。[**] 1871（明治4）年生まれの彼は、自由民

＊古関彰一『新憲法の誕生』（中央公論社、1989年、45～47ページ）。
＊＊『新生』（1946年2月号、3ページ）。

110

権運動の渦中で10代をおくったのです。大日本帝国憲法が制定されたのは、彼が18歳の時。それから約60年後、彼はあらためて「自由民権」の時代を思いおこし、戦後の「デモクラシーの新時代」にふさわしい憲法を考えようとしたといえます。そこで、ここでは高野が青少年時代を送った「自由民権」の時代に焦点をあてて、当時の人びとが憲法をめぐってどのような議論を繰り広げていたのかを探ってみることにしましょう。

図版 a を見てください。「国憲」「第一編」「第一章　皇帝」とあり、第一条以下の条文が記されています。行間や、上の欄外には、朱色の小さな字で書き込みがあります。右の図版 b。これは、 a の文書の後の方、「第四編」の「第三章　代議士院及其権利」の部分です。やはり条文と、余白にビッシリ書き込まれた朱色の文字があります。また、第四条の後ろには、条文と朱

a 「憲法草稿評林」第一編第一章

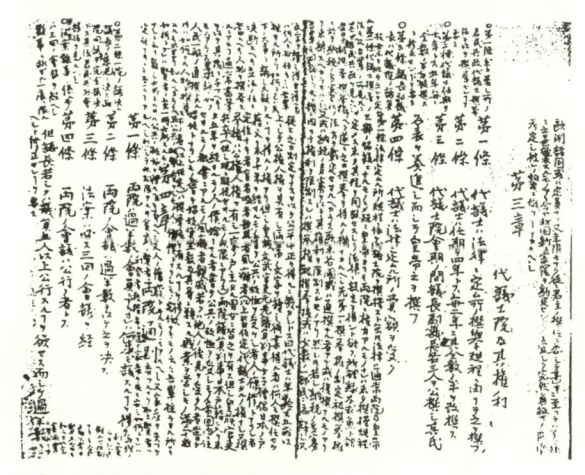

b 「憲法草稿評林」第四編第三章

＊大島英介編『小田為綱資料集』（小田為綱資料集刊行委員会、1992年）。

2　民衆による憲法構想　　*111*

色の字とは別に、小さな黒い字も書かれています。右端、第三章のすぐ前に書かれているのも、同じです。一体、この文書は何なのでしょうか。表紙には「憲法草稿評林」と書かれています。

この文書は、小田清綱さんという方のところで発見されました。小田さんの曽祖父は小田為綱という人で、1839（天保10）年に現在の岩手県久慈市に生まれています。*為綱は24歳の時、江戸に出て昌平黌などで学び、1877（明治10）年の西南戦争の際には、東北地方で兵をあげて政府を攻撃しようと企てたりもしています。その後、青年たちの教育にあたり、1898（明治31）年には代議士に当選しました。しかし、1901（明治34）年に63歳で亡くなっています。

文書の中身は、元老院という政府機関が1880年7月に起草した憲法案に論評を加えたものです。**検討してみると、元老院の憲法案と、誰かが書いた元老院案に対する評論（小さな黒い字の箇所です）、それから、上の欄外などに別の誰かが書いた評論（朱色の字です）の三つから成り立っていることがわかります。朱色の字の部分では、元老院案と下の評論に対する批評が記されていますから、まず、元老院案があり、つぎに下の欄の黒い字の評論が書かれ、さらに上の欄の朱色の字の評論が書かれたことがわかります。つまり、この文書には、憲法案をめぐる三つの段階の、三つのレベルの考えが重ね合わされていることになります。

いつ、誰が、何のためにこのような文書をつくったのでしょうか。三つのプランのかかわりを解きほぐしていってみることにしましょう。

「憲法草稿評林」と小野梓のかかわり

まず、おおもとの元老院案から見てみましょう。元老院というのは、政府

＊小田為綱については、大島英介『小田為綱の研究』（久慈市、1995年）を参照。
＊＊全文は、前掲『小田為綱資料集』のほか、家永三郎・松永昌三・江村栄一編『明治前期の憲法構想〔増補版〕』（福村出版、1985年）、江村栄一編『憲法構想』〈日本近代思想大系9〉（岩波書店、1989年）などに収録されています。この文書に関して最も詳しく検討を加えているのは、小西豊治『もう一つの天皇制構想』（御茶の水書房、1989年）です。

が1875（明治8）年に設置した立法審議機関です。政府はその翌年、1876年にこの元老院に憲法の起草を命じました。元老院では1876年の10月に第一次草案を作成し、つづいて78年7月に第二次案を作成、さらに1880年7月には第三次案を作成して、同年12月に天皇に提出しました。この第三次案が民間に流れ出て、この文書「憲法草稿評林」の素材となったのです。なお、結局のところ政府は、元老院第三次案は日本の国体・人情に注意をはらっていないとして採用せず、握りつぶしてしまっています。

では、この元老院案に論評を加えた下の欄の評者は一体誰なのでしょうか。筆者をめぐって、現在、さまざまな推測が重ねられていますが、残念ながら確定されるには至っていません*。

ところで、下の欄の評者はこの文書の終わり近くで、議会は一院制がよいか、二院制がよいかを論じています。その際、「余友小野梓氏」は議会は一院で十分だとの説を唱えて演説をしたり、論文を著していると書いています。

小野梓とは、土佐、高知県出身の法学者・政治家で、当時 28、9歳**。イギリス留学から帰国後の1874年、共存同衆という学術交流・啓蒙団体を組織して以来、その幹事をつとめていた人です（すでに本書の41ページに登場しています）。また、小野は1876年に官吏となり、司法省・元老院・太政官などに勤めて、主に立法作業に従事していました。そして、すでに1876年の秋には、「国憲論綱」という憲法論を書き上げ、1878年には共存同衆の講談会、つまり演説会でこれを連続講演していました。さらに、1879年3月から80年4月にかけては、共存同衆の機関誌『共存雑誌』にこれを連載しています。下の欄の評者は、小野の友人で、しかも小野の演説を聞き、論文を読んで、小野の説をよく知っていた人物ということになります。

また、下の欄の評者の文には、「長城氏等」という名前も書かれています。

＊青木匡説、鈴木舎定説、島田三郎説、古沢滋説、田中耕造説などがあります。この点については、前掲『小田為綱の研究』（105～122ページ、222～224ページ）を参照してください。

＊＊小野梓については、中村尚美『小野梓』（早稲田大学出版部、1989年）を参照してください。

「長城氏」とは、元老院議官で、国憲編纂委員をつとめていた中島信行のことです。一般には知られていなかった元老院案を手にすることができ、しかも小野や中島の名前をあげることができる人物といえば、やはり、元老院とかかわりをもつ東京の民権家、言論人ということになりそうです。

ところで、民間である程度かたちを整えた憲法草案を最初に提起したのは、都市の知識人たちの結社でした。その最初は小野梓ら共存同衆のものです。[*]1879年3月頃に起草されたといわれます。共存同衆案の内容は、イギリスの政治制度をモデルとするものでした。

こうした憲法起草の動きは、やがて1880年になると次第に目立ちはじめ、1881年10月に向けていよいよ活発になっていきます。それには、つぎのような事情がありました。

憲法起草の動きはなぜ広がったか

1880(明治13)年、国会の開設を求める自由民権運動は最高潮に達し、国会期成同盟を結成して、政府に国会の開設を迫りました。しかし、政府はこの要求を拒むとともに、集会条例を定めるなどして、かえって弾圧体制を強めました。そこで、この年11月、国会期成同盟の第二回大会に集まった民権家たちは、これを突破するため、翌1881年10月に再会する時までに、各地方の戸数の過半数の同意を得よう、憲法見込案をつくろうと申し合わせたのです。こうして、以後、各地で憲法の研究作業がはじまり、これと連動して憲法起草の動きも本格化していきました。

国会期成同盟の本部が編集・発行した文書によれば、盛岡では、1881年5月から憲法研究会を開始し、憲法について審議中だとなっています。[**]また、仙台でも有志が相談して憲法見込案を作成していると報告されています。8月1日から盛岡で東北自由党の会合を開き憲法見込案を協議しようとする動

---

　　[*]前掲『明治前期の憲法構想〔増補版〕』(10ページ)。
　　[**]江村栄一「『嚶鳴社憲法草案』の確定および『国会期成同盟本部報』の紹介」(『史潮』110・111合併号、1972年)。

きも伝えられています。たぶん、このような憲法起草運動のなかで、政府側の元老院の憲法案が民間へ流れだし、これにヨーロッパの近代思想を吸収した人物が意見を書き込み、それがさらに東北地方へと伝わって、憲法研究の材料になったのでしょう。こうして「憲法草稿評林」は生まれました。

では、上の欄、つまり一番最後に意見を書き込んだのは誰なのでしょうか。現在のところ、表現、筆跡なども含め、やはりこの文書の持ち主小田為綱ではないかという説が有力です。しかし、決め手はありません。

ところで、このような憲法研究の動きが起こっていたのは、もちろん東北地方だけではありません。[*]高知の民権家植木枝盛は、立志社の憲法草案として「日本国国憲案」全220か条をつくり、思想・信仰・言論・集会・結社・学問・教育・営業など、幅広い国民の権利と自由を、無条件に保障しようとしています。しかも、日本人民は無法に抵抗することができる、政府が憲法に違反して人民の自由権利を抑圧したときは、これを倒して新しい政府を樹立することができると書いています。東京の五日市、現在の東京都あきる野市に含まれる地域では、青年たちが204か条にわたる憲法案を起草していました（発見されたのは、1968年のことです）。現在、五日市憲法と呼んでいるものです。都市の知識人たちも憲法起草に取り組みました。先にふれた共存同衆以外にも、嚶鳴（おうめい）社や交詢（こうじゅん）社といった結社が草案をつくり、これは地方民権家の憲法研究に大きな影響を与えていきました。

「憲法草稿評林」が研究者の注目をひき、筆者をめぐって論議を呼んでいるのは、他の憲法案と比べて内容がユニークだからでもあります。下の欄の評者は、皇帝の位を継ぐべき血統が絶えたときには、人民一般の投票によって国民の中から皇帝を選ぶか、「政体」を変えて、つまり帝政をやめて「統領」を選ぶことができるとしています。また、皇帝が憲法を守らず、「暴威」をもって人民の権利を抑圧したときには、全国民の投票によって「廃立の権」、つまりリコールを行うことができるとしています。大統領制、皇帝リ

---

[*] 新井勝紘「自由民権運動と民権派の憲法構想」（江村栄一編『自由民権と明治憲法』〈近代日本の軌跡2〉吉川弘文館、1995年）を参照してください。

コール制などのプランです。一方、小田為綱と考えられる上の欄の評者は、天皇といえども自ら責任を負う法則をたてなければならないとして、「廃帝の法則」、つまり皇帝を廃止する法則を設けるようにと主張しています。

　自由民権家たちの天皇観については、研究者の間でも、共和制に力点をおく見解と、君民共治・立憲君主制が一般的であったとするとらえ方との対立があります。「憲法草稿評林」は、こうした論議に重要な一石を投ずるものといえるでしょう。いずれにしても、「憲法草稿評林」のなかに、私たちは天皇制にまだ〝囚われていない民衆〟の姿を見ることができるように思います。

②　憲法制定への道のり

政変と憲法構想はどうかかわったか

　では、政府首脳部の側にはどのような憲法プランがあったのでしょうか。かなりの参議から憲法意見が提出されたものの、1880（明治13）年末の段階では統一見解にはほど遠く、民権派に先を越されているのが実情でした。こうしたなかで、1881年の夏から秋にかけて、政府の内部では、その後の日本のゆくえを左右する憲法構想、つまり国家のあり方をめぐる厳しい路線対立が浮上してくることになりました。

　1881年3月、参議大隈重信は憲法意見書を提出しましたが、その内容は他の参議のものとは大いに異なっていました。イギリス流の政党内閣制をとり、1881年には憲法を制定し、1883年には国会を開設するという急進的な内容でした。実際に起草したのは、大隈の配下の矢野文雄だと言われ、また、これに手を加えたとすれば小野梓あたりではないかと推測されています。実際のところ、小野梓はこの年1月、「国憲論綱」のつづきを執筆しはじめていました。

＊遠山茂樹『自由民権と現代』（筑摩書房、1985年）、松尾章一『増補・改訂自由民権運動の研究』（日本経済評論社、1990年）を参照。

大隈の意見に接した岩倉具視や伊藤博文らはあわてて、彼らのブレーン、太政官大書記官の井上毅に憲法の研究を依頼しました。これに対して井上は、今こそプロシア流の欽定憲法を制定して天皇の権限を守るべきだと主張しました。井上が7月にまとめた憲法構想は、君権主義を強烈に打ち出したもので、やがて大日本帝国憲法へと発展していくことになります。

　おりから北海道開拓使の官有物払下げ事件が暴露され、8月には民権派の政府攻撃が激しさを加えていきます（121ページ参照）。この危機をどう乗り切るのか。岩倉・伊藤・井上らは、10月12日、官有物の払下げを中止するとともに、天皇の勅諭をもって約10年後に国会を開くことを約束し、あわせて大隈を政府から追放しました。「明治十四年の政変」です。大隈に従って矢野・小野らも政府を去り、イギリス流の国家を構想していた自由主義的な官僚勢力は、政府のなかから一掃されてしまいました。

　一方、10月1日、国会期成同盟の第三回大会のために東京に集まった全国の代表は相談会を開き、一六か条にわたる自由党の組織案をまとめました。その第五条には「国憲制定」が掲げられています。さらに、18日からの本会議に提出された盟約・規則案にも、「日本帝国ノ憲法ヲ制定シ国会ヲ開設シ善美ナル立憲政体ヲ確立スルヲ以テ急務トス」とありました。つまり、憲法の起草を重要なテーマとして自由党は結成されようとしていたのです。

　ところが、実際に決定された盟約では、「吾党ハ善美ナル立憲政体ヲ確立スルコトニ尽力スベシ」となっており、憲法起草は課題からはずされてしまいました。そしてその後、自由党が憲法について本格的な検討をすすめることはありませんでした。

　政府当局者、反民権派のものも含めて、現在、70点ほどの憲法プランが確認されています。これを1881年の前なのか、後なのかで分けると、81年よりも前が54点、後が16点となります。1881年以前が圧倒的に多く、81年以後は三分の一以下になってしまいます。しかも、1881年以前の憲法プランのうち

　＊前掲『自由民権革命の研究』（145～153ページ）。
　＊＊新井勝紘「明治前期の憲法諸構想一覧表」（自由民権百年第二回全国集会報告集『自由民権運動と現代』三省堂、1985年）。

45点が、1880年と81年に集中しています。また、内容が確定できる憲法プランのうち、民権的な憲法プランを国会開設の勅諭の前後に分けてみると、前が26点、後が5点で、やはり勅諭後は急に減っています。ですから、憲法草案の起草が活発に行われていたのは、国会開設の勅諭が出される前であり、以後ではないことがわかります。

勅諭と民間での憲法研究の前後関係は、憲法をどう考えるのかという点で、特別に重要な意味をもっています。「明治十四年の政変」の際の国会開設の勅諭は、国会の組織・権限は天皇自身が定めることを明らかにし、これに不満をいだき「国安」を乱すものは処罰するとしていました。その後の憲法制定への道のりは、国民の憲法論議を保障しつつすすめられたのではまったくありません。以後の大日本帝国憲法制定へのプロセスは、自由民権運動の解体のプロセスと一体でした。

憲法はどうつくられていったか

国会開設の勅諭以後、民間での憲法研究の動きは、潮が引くように少なくなっていきます。そうしたなかで、さきにふれた小野梓は、立憲改進党の幹事役として党活動の第一線に立つと同時に、憲法論の研究と執筆をつづけた例外的な存在の一人です。小野梓は1882（明治15）年12月、本格的な憲法研究の本『国憲汎論』上巻を刊行しました[*]。そのなかで彼は、憲法の原理とそれにもとづく制度のあり方に本格的な検討を加えています。イギリス的な国家の仕組みを柱とし、国民の基本的人権を守るべきことが主張されています。ついで翌年4月には『国憲汎論』の中巻を刊行して国会論を展開しました。なお、その際、彼はこれまでの一院制論をあらためて、主張を二院制論へと一転させています。

さて、そのころプロシアでは伊藤博文らが君権主義、君主の権限を強めることを基本とする憲法の研究にいそしんでいました。そして、1883年8月、帰国した伊藤らは憲法制定へむけての準備を開始します。まず、華族制度・

---

[*] 早稲田大学大学史編集所編『小野梓全集』第1巻（早稲田大学、1978年）。

内閣制度・官僚制度・地方制度・警察制度などなど、憲法を支える土台が着々と固められていきました。そして1886年秋、憲法の起草に着手します。こうして政府は憲法よりも先に憲法のなかに盛り込むべき制度をつくってしまいました。その結果、憲法が国家のあり方を決めるのではなく、先に導入した制度が既成事実として憲法のあり方を決めることとなったのです。

しかも、憲法起草作業は井上毅らの試案をもとに極秘のうちにすすめられ、憲法制定過程から国民は完全に排除されました。そして、1888年4月の脱稿後、天皇の諮問機関として設置した枢密院の審議にかけただけで、翌89年2月11日、「紀元節」の日を選んでこれを発布したのです。

小野梓は1882年12月、『国憲汎論』の上巻を刊行した時、巻頭に「待花」と題する自作の漢詩を掲げています。

　　暖かくなりそうで、なおまだ寒く、季節の移り行きははかどらない。毎朝指折り数えて花の咲く時期を待ちこがれる。その時期はなかなか来ず、気持ちだけが先走る。だから、ここに隅田川春景色の詩を作るのである。

おおよそこんな意味の詩です。憲法を待ちこがれる思いを、花を待つ気持ちに託したのです。咲いた花は、はたして小野が待ち望んだものだったのかどうか。しかし、小野梓は憲法発布の日を見ることなく、1886年1月、肺結核のため33歳10か月の若さで亡くなってしまっていました。

小野梓は死の3か月半前、病をおして書きつづけた『国憲汎論』下巻を刊行しています。10年がかりの憲法研究の集大成です。彼はその最後の章で「立憲国民」が備えなければならない六つの性質について論じています。立憲国民は人に依頼する心を断ち切り、独立自主の精神を発揮しなければならない。政府が憲法を乱した際に国民がこれを正す実力をもたないならば、憲法を定めたとしても憲法の効果は社会にあらわれない。「国憲を固執する」実力、つまり憲法を守る力を養うことこそ、立憲国民の急務である。彼はこのように訴えていました。法・制度とともに、それらを担う主体のあり方、

＊同前、「解説」（616ページ）。
＊＊同前（571〜584ページ）。

人間のあり方を問題としていたのです。

　以上、憲法の起草という角度から「自由民権」の時代に迫ってみました。当時、人びとは国のあり方をめぐって、熱い論議をたたかわせていました。高野岩三郎が思いおこしたように、私たちもまた「自由民権」の時代を思いおこしつつ、あらためて憲法と国のゆくえについて、真剣に論議しなければならないのではないかと思います。

3

自由民権運動と政党

◆

① 政党の誕生

自由党はいつつくられたか

　現在の政治は政党抜きには考えられません。政党同士の対立と連合、政党内部の派閥抗争、あるいは政党離れや無党派層の増加など、政党をめぐってさまざまなことがおこっています。では、政党とは、一体、何なのでしょうか。そして、そのルーツはどこにあったのでしょうか。日本ではじめて政党が生まれたのは、1880年代の自由民権運動の時代です。そこで、この時期に焦点をあてて、なぜ人びとが政党を結成しようとしたのかを探ってみることにしましょう。

　120年ほど前の夏から秋にかけて日本中は騒然としていました。1881（明治14）年のことです。北海道開拓使の官有物の払下げをやめろ、国会を開けという声があちこちで起こっていました。新聞は連日、不当な払下げを決定した政府を批判し、各地で開かれた政府批判の演説会はどこも盛況でした。こんな事件が起きるのは、政府が政権を独り占めしているからだ。情実や勢力関係による駆け引きがまかり通っているからだ。国会を開いて政治の仕組みを根本的に改めよ。こうした声が、うねりのように政府を包囲しました。

　さて、政府内部のようすは、どんなだったのでしょうか。太政官大書記官の井上 毅は、伊藤博文や岩倉具視ら政府要人のブレーンで、当時、政界の裏面でさまざまな策略をめぐらしていました。その井上は、10月8日、右大

臣の岩倉にあてた手紙で、要旨、つぎのように述べています。*

　現在の様子は、立志社その他昨年の「請願連中」が東京で国会期成会を催し、福沢諭吉は盛んに急進論を唱え、各地方ではこの二、三〇日来、「結合奮起之勢」となっている。このままでは不測の事変に至るかもしれない。一度彼らに先を越されてしまうと、憲法も空文句となり、「百年之大事」を誤ることになってしまう。

　早く手を打って巻き返しをはからなければ、取り返しがつかないことになってしまう、というのです。結局、政府は、10月12日、開拓使官有物の払下げを中止すること、10年後に国会を開くことを約束しました。あわせて、このとき、大隈重信を政府から追い出してしまいました。

　日本で最初の政党、自由党が誕生したのは、このような騒然とした情勢のなかでした。党首に板垣退助を選んで正式に発足したのは、10月29日、つまり政府による国会開設決定の17日後のことです。そこで、政党を結成したのは、国会開設の時期が決まったからだ、つまり議会開設にそなえるために政党をつくったのだという有力な見方が、現在もあります。しかし、本当にそうなのでしょうか。

自由党をつくろうとしたのはなぜか

　井上毅は、さきほど紹介した手紙で、昨年の「請願連中」は東京で国会期成会を開いていると書いていました。これは、10月初めに開かれた国会期成同盟の第三回大会のことです。第二回目の大会は1年前の11月に開かれていました。

　では、第三回大会では、何が議論されていたのでしょうか。この会合に出席した新潟県の民権家、山際七司の手紙を見てみましょう。**10月1日、国会期成同盟の第三回大会のために集まった人びとは、相談の会合を開いています。2日には、国会期成同盟を「大日本自由政党結成会」に変えることを決

＊井上毅伝記編纂委員会編『井上毅伝』史料篇第四（国学院大学図書館、1971年、343〜344ページ）。
＊＊前掲『自由民権革命の研究』（147ページ）。

めます。5日には自由党の組織原案を起草することを決め、そのための委員を選んでいます。つまり、このように政府が国会を開くと決定する前に、もう自由党の結成は事実上決定され、そのための準備が着々とすすんでいたのです。

10月12日から16日までは、毎日、自由党組織のための相談会を開き、19日から27日までは、自由党の規約を審議しています。こうして自由党は誕生しました。ですから、東京に集まった民権家たちは、国会を開くという政府の決定によって、突然、政党を結成しようと思い立ったわけではけっしてありません。それどころか、政党の結成は、すでに1年前の国会期成同盟第二回大会の席上で大いに問題となっていました。*

では、1年前、政党の結成が問題となったのは、なぜでしょうか。当時、政府は国会の開設を求める請願書の受け取りを拒み、集会条例によって弾圧・取り締まりを強めていました。国会開設運動の前に立ちはだかったこの困難をどう打ち破っていったらいいのか、国会期成同盟の人びとは真剣に論議しました。そうした論議のなかで浮かびあがってきたのが、政党の結成という問題だったのです。関西から参加した小島忠里という民権家は、要旨、つぎのように発言しています。**

　　はじめ私は請願や建白でも国会開設はできるものと思っていたが、今年の春以来の政府のやり方についてよくよく考えてみると、とても請願・建白では国会の開設はむずかしいと思う。では、どうしたらいいのか。ひろく全国の人民を団結し、勢力を強くすることが急務ではないか。

人びとの団結をはかり、勢力を強めるにはどうしたらよいのか。こうした気持ちが政党をつくろうという気運を高めていたのです。けれども、このときは、国会期成同盟そのものを政党にかえるという意見は、まだ多くの賛成を得ることはできませんでした。そこで、12月、一部の有志が「自由党」を結成するための準備会をつくって、取り組みを強めていきます。

　＊以下、前掲『自由民権運動と立憲改進党』（59〜63ページ）を参照してください。
　＊＊「国会開設論者密議探聞書」（『明治文化全集』雑史篇、日本評論社、1929年、178ページ）。

翌1881年2月、民権派の新聞である『朝野新聞』は、人民が従事すべき新しい運動の手段は「請願」ではなく「結合」を強めることだ、つまり、これからの運動は請願ではなく、「党」をつくることだと主張しています。結合こそ力だというのです。

　こうして、1881年の初めから、全国で地方の団結、地方の自由党の組織化がすすめられ、これを基礎に、10月、東京に集まった人びとは、さきに見たように、日本で最初の綱領と規約をもつ政党、自由党を誕生させたのです。ですから、国会開設の時期が決まったから政党の結成にすすんだのではありません。逆に、国会を開設させるためにこそ、政党の結成が必要だったのです。

②　立憲改進党と立憲帝政党

改進党と帝政党はどうつくられたか

　さて、自由党結成への動きが本格化していた頃、これとは別の政党をつくろうという動きが起こっていました。大隈重信は、「明治十四年の政変」で政府を追われる前、参議という要職にありました。現在の大臣クラスにあたります。その大隈が、この年3月に提出した意見書、これは彼が政府から追放されるおおもとの原因となったものですが、その意見書のなかで、大隈は、国会で過半数を占めた政党が内閣をつくるという制度、つまり、当時、イギリスで行われていた議院内閣制を採用するように提案しています。そして、この年、1881（明治14）年のうちに憲法を定め、1883年初めには国会を開くべきだと主張しています。議院内閣制を実現するためには、まず、政党がなくてはなりません。ですから、大隈は議会を開く前に政党をつくり、これを育てあげる必要があるとしています。

　さて、大隈のブレーンの一人が小野梓です。彼は、大隈の片腕といってもいい人で、当時、会計検査院の一等検査官でした。その彼のもとに、9月23

　＊以下、前掲『自由民権運動と立憲改進党』（63～67ページ）を参照してください。

日と25日、数人の人びとが集まっています。相談の中身はこれからつくろうとする政党の目的や主義についてでした。やはり、自由党と同様、政変が起こる前に、すでに政党結成のための相談が行われていたのです。それどころか、この相談の1か月前8月20日には、小野は自宅に集まった同志の人びとと、政党の樹立を決めていました。おそらく、政府内部にいる自由主義的な人びとと、薩摩・長州勢力に批判的な人びとを集めて、大隈を中心とする政党をつくり、政党にもとづく政治を実現しようとしていたのではないでしょうか。

しかし、政府のなかにとどまって政党活動を展開しようとしていた彼のプランは、失敗に終わりました。リーダーと仰ぐ大隈が政府から追放されてしまったからです。彼も大隈にしたがって政府を去ります。大隈の仲間と見られた他の人びとも政府から追放されたり、辞職したりして、つぎつぎと政府を去っていきます。「明治十四年の政変」です。そこで、いよいよこれらの政府追放組の人びとを母体として政党をつくり、政府に迫っていくことになります。小野は政党の基本になる文書の起草に精力的に取り組んでいきます。

5か月後の1882年3月14日、新聞各紙は「立憲改進党趣意書」を掲載しました。立憲改進党の結党宣言です。政府の決定によって立憲政治を実現することが定まった。政党をつくって団結し、一握りの人びとが政治を牛耳るのをやめさせようではないか、政治の改良と前進をはかろうではないか、というものです。議会を開かせることそのものを目的とした自由党とは異なって、議会の開設を前提とし、議会のなかで活動し、ひいては政権を担当することをめざして、政党をつくったのです。しかも、急激な変革は望まない、急進的な勢力とは一線を画すとして、自由党との違いを強調しています。

改進党が結成を宣言して6日後の3月20日、『東京日日新聞』に「立憲帝政党議綱領」が発表されました。立憲帝政党の結成宣言です。この政党は、井上馨（かおる）、山県有朋など政府のおもだった人びとの肝いりで結成されました。以前、私は政府の公式文書を調べていて、たまたまそのなかにこの政党の綱

＊大日方純夫「立憲帝政党の結党をめぐる基礎的考察」（『日本史研究』240号、1982年）。

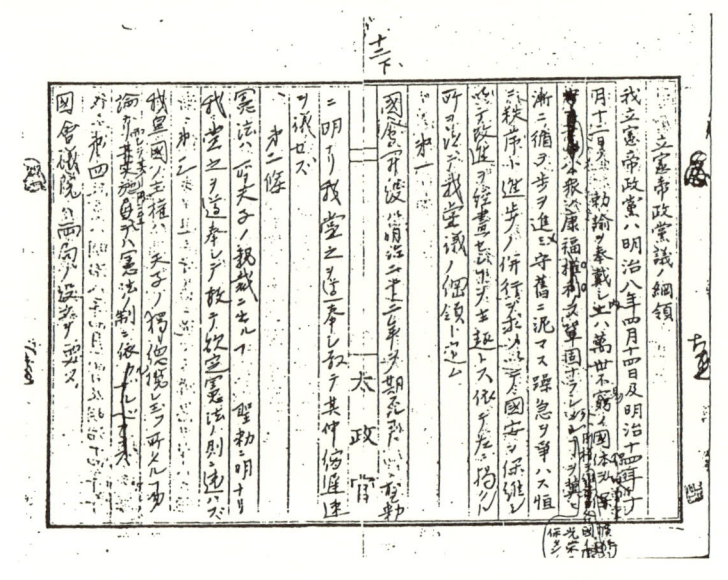

a 「立憲帝政党議ノ綱領」（国立公文書館所蔵「公文別録」）

領の原案が綴られているのを見つけました。図版aがそれです。右側の欄外を見てください。綴じ目のためよく見えないかもしれませんが、ここには三条太政大臣、有栖川宮左大臣や、当時の7人の参議の花押や押印があります。本文のあちこちには修正したあともあります。つまり政府のトップがそろって目を通し、しかも、原案に手を入れていたことがわかります。

帝政党は、自由党・改進党のような民権派の政党に対抗するためにつくられた政府の「御用政党」でした。主なメンバーは、『東京日日新聞』の主筆福地源一郎ら3人だけしかいないとして、当時の人びとはこの党を「三人政党」と呼んだりしました。

こうして、自由党・立憲改進党・立憲帝政党という三つの政党が、それぞれの事情から結成され、民権運動は結社の時代から政党の時代に移っていきました。

地方のようすはどうだったか

ただし、注意していただきたいのは、当時の政党は、この三つだけではな

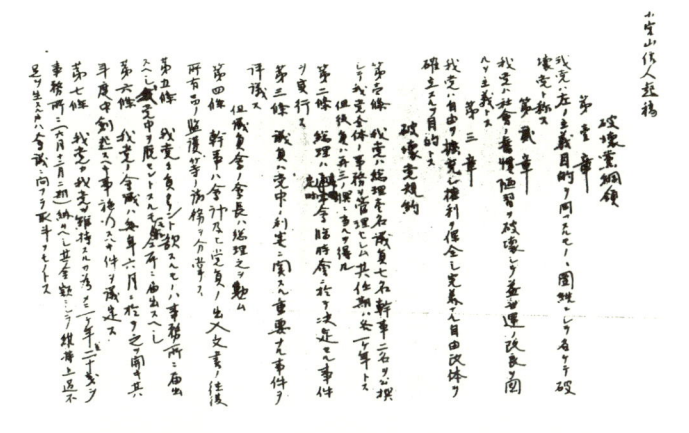

b 「破壊党綱領」案。上田警察署への提出が予定されている。

いということです。1881（明治14）年の末あたりから、各地ではさまざまな地方政党が続々と結成されています。その代表格は近畿地方を中心にした立憲政党と、九州地方を中心にした九州改進党です。

　ここでは、政党をめぐる地方の動きをひとつだけ紹介しておくことにします*。1882年12月、長野県埴科郡内川村、現在は戸倉町になっていますが、そこに集まった人たちは、相談の結果、政党をつくろうと決めました。そして、政党の綱領と規約をつくるため、4人の起草委員を選びました。翌年1月、委員の一人小宮山信人は、政党組織の原案を起草して他の委員に送り、検討を求めています。図版bを見てください。党名は「破壊党」となっています。古い習慣や習わしを破壊して、ますます社会の改良をはかるという趣旨から、このような党名を選んだのです。また、目的は自由を広げ、権利を守り、完全な自由政体を確立することとなっています。小宮山は手紙のなかで、われわれは破壊を主義として天賦の自由を全うすることを目的とする、したがって、全体の精神はもちろん自由党・改進党と異なるところはない、と説明しています。社会の改革、自由民権の実現にかけた彼の意気込みをうかがうこ

＊大日方純夫「政党の創立」（前掲『自由民権と明治憲法』、145〜147ページ）。

3　自由民権運動と政党

とができます。

じつは、小宮山という人は、1882年9月に入党したれっきとした自由党員です。彼は、同じ手紙でつぎのようにも書いています。

　　自由党から規則30部の郵送があり、党員募集への尽力をたのまれました。どうかそちらの内川村でも自由党員の加入にご尽力下さい。党員の名簿は近日中に東京の本部へ差し出すつもりです。あなたたちの名簿は50名の予定として、先日、東京に連絡しておきました。

埴科郡は、長野県のなかで最も自由党員数の多い郡です。県下の党員の38％近くがこの郡の人です。しかも、埴科郡のなかでは内川村が最も多く、なんと15人、つまり県下の党員の9％を占めています。小宮山たちの活動が一役かっていたのかもしれません。

1883年1月、『政事月報』という雑誌は、明治15年度、つまり1882年、各地に政党が現われたことは、まことに驚くべき勢いであり、どんなさびれた村でも政党への団結の動きがあらわれたと書いています。かなり大袈裟であるにしても、中央での政党結成の動きと、直接あるいは間接に関係しながら、全国各地で政党結成の気運が高まっていたのです。

その後、政党はどうなったか

しかし、政府は1882（明治15）年の半ばあたりから、政党に対する規制と弾圧を強め、抱き込みと切り崩しをはかっていきます。また、1883年頃からは不景気が深刻となり、政治活動から身を引こうとする傾向もふえていきます。自由党と改進党との対立も、次第に深刻なものとなっていきました。そして、自由党は結党から3年目の1884年10月、ついに解党してしまいます。立憲改進党でも解党問題がもちあがり、党首の大隈重信以下、指導部がそろって離党してしまいます。

帝国議会が開かれるのは、それからちょうど6年後のことです。ですから、議会の開設に際しては、もう一度、勢力の結集がはかられなければなりませんでした。しかし、そのとき、これまで見てきたような政党による全国の政治的な編成が前提となったことは、いうまでもありません。

もともと「悪党」とか、「徒党」を組むとかというように、「党」という言葉にはマイナスのイメージがつきまとっています。しかし、近代の政党は、「私」の党ではなく、「公」の党であると宣言して、政治の世界に登場しました。そして、自由民権運動の時期に政党がつくりあげた政治的な〝遺産〟、つまり、自由党系、改進党系、帝政党系という政治勢力の配置は、その後の近代日本の政治構造の基本的な枠組みとなっていくのです。

　以上、なぜ政党が誕生したのかという点に絞って、自由民権運動の意味を探ってみました。政党による政治については、たしかにマイナス面も目につきます。しかし、120年前、政党を生み出した人びとが、政党にかけた思いと熱気を振り返りつつ、政党による政治が本当に正しく国民の声を汲み上げ、政党政治が国民の思いや願いを正確に議会に反映していくためにはどうしたらよいのかを、あらためて考えてみる必要があるのではないでしょうか。それは、政党自身に課された重い課題であるとともに、私たちにとっても、もう一度真剣に考えてみるべきテーマであるように思えます。

4

漫画から「世界」を読む

◆

漫画に歴史をどう読むか

　ここでは、漫画を歴史的な史料として扱い、そこから当時の社会のようすと作者の認識を読み込むことを試みることにします。普通、歴史研究では漫画は図版として副次的な位置を占めているにすぎません。また、漫画を扱った歴史的な研究も、漫画を対象とした分析、つまり"漫画の歴史"であり、漫画そのものを時代を語る史料として分析しようとする視点は希薄です。しかし、ここでは漫画を対象として、そのなかにあらわれた国際情勢、とくに東アジア情勢と、これに対する認識のあり方を探ってみることにします。これを通じて、自由民権運動がどのような国際情勢のなかで展開されていたのかを浮かびあがらせることができれば、と思います。

　対象とする『団団珍聞』は、1877（明治10）年に創刊された明治期の最も代表的な滑稽風刺雑誌です。発行期間は、西南戦争時から日露戦争後までの

＊清水勲『漫画の歴史』（岩波新書、1991年）、同『日本漫画の事典』（三省堂、1985年）、『週刊朝日百科日本の歴史』101「漫画と新聞・瓦版」（朝日新聞社、1988年）、など。近代漫画の誕生については、清水勲『日本近代漫画の誕生』（山川出版社、2001年）、を参照してください。

＊＊『団団珍聞』はすべて復刻されています（全36巻、本邦書籍）。また、『近代漫画』全6冊（筑摩書房）のうち、第2巻「自由民権期の漫画」は『団団珍聞』にあてられており、『漫画雑誌博物館』全12冊（国書刊行会）のうち、第1巻・第2巻も『団団珍聞』の巻です。なお、『団団珍聞』そのものについては、姉妹誌『驥尾団子』とあわせて叙述した大本至「『団団珍聞』『驥尾団子』がゆく」（白水社、1989年）を参照。

30年間に及びます。この雑誌は、茶説（社説）、風刺画、狂詩、狂句、狂歌などから構成されていますが、大きな特徴は風刺と批判の精神に富んだ風刺画（漫画）にあります。なかでも風刺の精神が精彩をはなったのは、創刊から1880年代にかけての自由民権運動の時期です。

　内容に入る前に、『団団珍聞』そのものと漫画の書き手について、簡単に整理しておくことにしましょう。* 発行元は団々社で、創刊者は野村文夫です。1836年、広島藩に生まれた野村は、緒方洪庵の適塾に学び、長崎に遊学して日本を脱出、4年間イギリスに留学して、新政府成立直後の1868年に帰国した人です。その後、工部省、内務省などに勤務しましたが、1877年1月、辞職して団々社を設立し、3月、『団団珍聞』を創刊しました。発行部数は、第1号を5,000部印刷してさらに増刷したといわれ、1、2号合わせて12,000部で、さらに3,000部を増刷したといいます。政党結成後の時期には、野村が立憲改進党員だったこともあって、政治的には改進党に近い立場にあったと考えられます。

　この『団団珍聞』誌上で創刊号から5年間、狂画（漫画）の筆をふるったのは、本多錦吉郎（1850〜1921年）です。** 本多は野村と同じ広島藩の出身で、帰国後の野村から洋学を学び、1872年、工部省の測量司見習いとなりました。この時、イギリス人ジョーンズに画才を認められ、1874年からは国沢新九郎の画塾（彰技堂）で洋画を学び、1877年、国沢の病死後はこの画塾を引き継いでいます。そして、野村の要請によって『団団珍聞』誌上に風刺漫画を描くことになったのです。本多は野村がイギリスから持ち帰った漫画雑誌『パンチ』や漫画集から西洋の漫画の技法を学んだといいます。彼の漫画の画法は、これまでの浮世絵とは異なる細密なペン画でした。

　1883年12月、本多は図画教官として陸軍士官学校に迎えられますが、それ

＊以下、山口順子「『団団珍聞』解説」（本邦書籍復刻の『団団珍聞』第1巻に収録、1981年）を参照。
＊＊『自由民権期の漫画』〈近代漫画2〉（筑摩書房、38〜39ページ）、前掲、清水勲『日本漫画の事典』（80ページ）、などを参照。

に先立つ1882年8月から、本多にかわって小林清親(1847～1915年)が『団団珍聞』漫画の執筆を担当しています。幕臣の子として江戸に生まれた小林清親は、21歳の時、鳥羽伏見の戦いに参加して敗れ、維新の結果、失業状態となりました。1874年、河鍋暁斎(本書96ページの絵を参照)らに絵を学び、1876年、「光線画」と呼ばれる東京の風景版画を発表して好評を博しました。1881年頃から錦絵漫画を描きはじめ、1882年、団々社に入社して『団団珍聞』で風刺と批判の絵筆をふるうこととなりました。以来、1893年頃まで同誌での執筆がつづきます。なお、1885年2月、3月の一時期、在日のフランス人画家ジョルジュ・ビゴーも『団団珍聞』に漫画を描いています。

したがって、以下で検討を加える漫画は、基本的に1882年8月を境として、それ以前が本多錦吉郎、以後が小林清親の作品ということになります。なお、スペースの制約から、漫画はごく一部しか掲げることができません。ご了解ください。

琉球帰属問題

絵aを見てください。この漫画(「娘一人婿八人」)が掲載されたのは、1877(明治10)年5月26日号です。画面の右側には、「乳母おしな」(右端)、「大和や娘お国」(中央)、「弟流吉」(左端)の3人が描かれています。いうまでもなくこの3人に該当するのは、清国、日本、琉球の3国です。後ろには世界地図らしい屏風があります。「おしな」は言います。

滅多に御嫁入を仕ちやアいけません。御合手には私がお付申て居り升。お嬢さまのお気りやうでは誰でも欲しがり升。流坊チヤンハ貴君の弟ごさんでも、私が内証でお乳を上てお世話をした事は大ていじやアありません。

ここには、日本と琉球をめぐる清国の外交路線が寓意されています。欧米諸国に接近しようとする日本の路線(つぎに見るように画面の左側に寓意されています)に歯止めをかけ、また、琉球とのこれまでの関係を確認してい

＊清水勲『小林清親／風刺漫画』(岩崎美術社、1982年)。なお、小林清親については、酒井忠康『時の橋 小林清親私考』(小沢書店、1987年)、『江戸から東京へ 小林清親展』〈展覧会図録〉(読売新聞社、1991年)、などを参照。

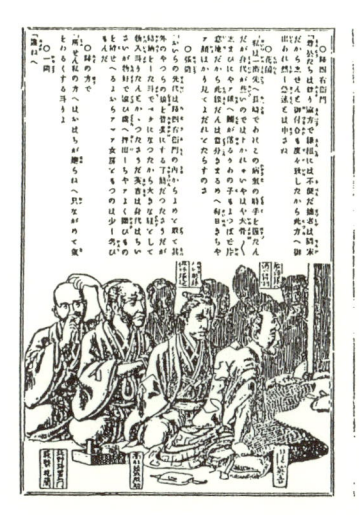

るものといえます。琉球については、日本の「弟」として日本との関係を強調しながらも、清国が保護国としてきたこれまでの関係を強調しています。実際に、琉球は近世を通じて日清に両属する関係、つまり一方で薩摩藩の支配に服しながら、他方で清国に朝貢して保護をうけるという関係にありました。これに対して、中央の「お国」はつぎのように答えています。

　お前が何程流坊に乳を飲して呉ても、内証で勝手にしたのだからおもて向にやアなら無い。最早坊も大きく成て物心が出たから、是からは私が手元へ置よ。

「乳を飲」ませる、つまり保護するという清国の琉球政策は、華夷原理にもとづくものでした。ですから、これは条約など、国家間の関係を法によって定める近代の国際法の原理とは相いれません。そこで「内証」だというのです。こうしたことから、近代の国際法原理に立脚しようとする「お国」は、これからは自分の「手元」におくと宣言します。つまり、「乳母」の手をきって、自分の支配の下に組み込むというのです。

実際に明治政府は、琉球を日本に組み込む政策をすすめ、1872年、王国を否定して日本に服属する琉球藩を設置していました。そして、1875年7月、

内務大丞松田道之は那覇に赴いて処分方針を伝達します＊。彼は、「宇内ノ条理」「万国ノ公法」を強調し、近代的な国際法秩序によって国家関係をつくることは世界的な趨勢だとして、「両属」の不当性を責めるのです。

このような日清の会話に対して、左端の当の「流坊」は、「ねへさんよりは小言無から私はうばが宜」と言います。これは、琉球の内部でこれまでどおりの関係を継続したいという意向が強いことを暗示しているといえます。実際、明治政府側の琉球組み込み政策に対して、琉球藩は旧態保持を嘆願し、上京した藩の役人は清国公使館に救援を依頼していました。

こうして、図の右側には、この時期、日清間の係争事項となっていた琉球帰属問題が描かれているといえます。

日本をめぐる欧米勢力

これに対して、画面左側には日本をめぐる欧米勢力のようすが描かれています。

まず、「仕ごとし英吉」、つまりイギリスは、「今が嫌なら些たア延びても宜から、何でもかでも己が女房になつてくんねへ。外に色はたんと有るが、其様な者と汝を一所にやアしねへ」と口説いています。政治的・軍事的・経済的な手段を駆使しながら、東アジアに進出しようとするイギリスは、たしかに「仕事師」にふさわしいといえます。

つづいて「商社頭取衆助」アメリカは、「浦賀から支配人を以てお噺し申た通り相成べくは私へ結納を願ひ升」と言っています。イギリスを経済的に追いあげようと東アジア交易に進出したアメリカは、日本を開国させました。

これらの２人の後ろで腕を組んでいるのは、「北野路四右衛門」です。「尊公たちは余り遠方で縁組には不便だ。拙者は隣家だからしぜんと御付合も度々致したから、此方へ御出あれ。然し急速とは申さぬ」と、近隣の関係を強調します。実際、ラックスマン、レザノフをはじめ、近世の後期から日本

＊琉球の状況については、金城正篤『琉球処分論』（沖縄タイムス社、1978年）などを参照。

の北辺に出没していたのはロシアでした。

　一番後ろで口と頭に手をやりながら「藪医花蘭」、つまりオランダは、「私は一番先へ長崎であのこの病気の時手を握たんだが、身代が些いのではじかれサ」と嘆いています。「病気」、つまり鎖国下の日本と唯一、通商関係をもち、医学をはじめ多くの影響を及ぼしてきたこの国は、すでに前記の3国の後ろに退いています。

　そして、これらの4人のその向こう、やや陰の部分には、「仏師張造」（フランス）、「ホリモノシ彫藤」（ポルトガル）、「酒や伊丹利」（イタリア）、「船頭伊須八」（イスパニア）の4人が控えています。

　日本はこうした西欧の国際法秩序の空間に組み入れられ、あるいは自らを組み入れることによって、対等性を主張していきます（本書72～73ページ参照）。また、その国際法の原理をもって、前近代東アジアの国際秩序（華夷原理）を再編成しようとしていきます。その焦点が琉球帰属問題であり、対朝鮮政策でした。そして、そのどれもが清国に対する政策と密接にかかわらざるをえなかったのです。

文明化の競争と1879年の課題

　では、『団団珍聞』は当時の日清関係をどのようにとらえていたのでしょうか。1879（明治12）年6月21日掲載の絵b（次頁）は、日清両国の文明化の競争を風刺したものです。両国の旗を掲げた「WALKING MATCH OF CIVILIZATION」のトラックでは、先方を小柄な「JAPAN」が走り、後ろに巨大な図体の「CHINESE」が立っています。

　　大きな身体をしてさっぱり歩行ねへから皆に馬鹿にされるのだ。アレ見ろ、豚〰とおか支那ふうで歩行なア。
　　小せへだけ有つて蜻蛉が飛様にずん〰進んで往が何と早足なものぢやアねへか。併余り急いて天窓へばかり気が上り、足下はちとひよろつくなア。イヨー早いぞ〰〰。

　観客は両選手についてこんな声をあげています。当時の「JAPAN」は、いうまでもなく文明開化の時代です。他方、「CHINESE」では、洋務運動

がすすめられていました*。それは、総理衙門(がもん)を拠点とする曾国藩・李鴻章らの洋務派がすすめた近代化の運動で、外政機関・産業・軍事などの近代化が試みられていました。しかし、伝統的な官僚機構の改革、財政改革をともなわず、その意味で大きな限界をもつものでした。なお、清を「豚」と見なす視線に、蔑(さげす)みの感情がこめられているのは明らかです。

さて、以上のような東アジアの勢力配置のもとで、具体的な国際関係が展開していきます。1879年1月11日掲載の「明治十二年の初荷」(次頁の絵c)は、そのようすを描いたもので、そこには、この年、日本が直面しようとしている外交上、内政上の課題が登場しています。手前右からは、猿が剣(ケン)を立てた車に蟬(鳴き声はミーン)を乗せてすすんでいます。四国の山猿、つまり土佐の立志社を中心とする自由民権運動の展開です。他方、官吏を象徴するナマズが引く車(左手)には、将棋の「ふ」が付き、慈姑を乗せ、その上には雉(きじ)(鳴き声はケーン)がとまっています。政府がすすめようとしている府県会の開設です。以上が国内政治の局面です。

---

*洋務派の性格、および明治維新と洋務運動の比較については、遠山・芝原論争を中心に長らくの論争があります。洋務派がすすめようとした事業内容そのものについては、芝原拓自『日本近代化の世界史的位置』(岩波書店、1981年、367〜385ページ)を参照。

これに対して、その向こう側には、三つの国際問題が姿をあらわしています。右端、琉球風の装束に身を包む人びとが「琉球泡盛」の神輿をかつぐのは、いうまでもなく琉球帰属問題です。中央、朝鮮を象徴する虎が「朝鮮飴」の車を引くのは朝鮮問題です。そして、左からは「条約改正」問題の車がすすんできます。

　すでに日本は、1875年9月の江華島事件をテコとして、1876年2月、日朝修好条規を結び、朝鮮を開国させていました。この条約は日本に有利な不平等条約でした。また、朝鮮を「自主ノ邦」と定めたこの条約は、これまでの華夷秩序に亀裂を入れ、やがて日清の対立へと導くものでした（後述）。

琉球処分――日本と清国の関係

　1879（明治12）年3月8日、『団団珍聞』は「於琉の戸籍相談」（次頁の絵d）と題する漫画を掲げました。蜻蛉ののれんを掛けた大和屋の中（蜻蛉洲は大和国の異称です）、「さしたかんざしや日本だけれど、水性なお前の支那定め」と書かれた衝立の陰では、4人の男がひそひそ話をしています。「泡盛」娘、つまり琉球の身の上についてです。衝立の裏に描かれた「松」の絵は琉球処分官松田道之、「前」の字は内務少輔前島密、「井」と読める字は参議井上馨をでも示しているのでしょうか。入り口には「戸籍帳」を持って立

4　漫画から「世界」を読む　　137

つ清国人の姿があります。これは、ちょうどこの時、日本・琉球・清国の間の最大の焦点となっていた琉球の「戸籍」、つまり帰属問題を主題としたものです。大和屋の男たちはつぎのように話しています。

　本籍は何処に在うともお琉の身の上は足の先から天窓のかんざしまで買て遣り、大きな犬大ワンに嚙付れた時なぞは此方で追て遣のではござらぬか。仰せの如くお琉の世話は十分手前店で致してござれば、権妻同前の心得で居る所を内心にうは気をさしはさむとは、見かけに似合ぬ奴でござる。

「本籍は何処に在うとも」と述べているように、琉球は正式には日本に帰属しておらず、「権妻」、つまり妾のような位置にありました。「かんざしまで買て」やったとは、1872年9月に王尚泰を「琉球藩王」として華族に加えたことをはじめ、一連の日本化政策のことをさし、「大ワン」を追い払ってやったとは、1874年の台湾出兵のことです（本書77〜78ページ）。こうした恩義にもかかわらず、お琉は「うは気」心をおこしているというのです。しかし、お琉は「いろいろ面倒な事を言ふから英さんにでもさう言て貰うかしらん」と語っています。それは、琉球内部の親清勢力、つまり士族反対派の動向を念頭においたものです。なお、部屋の壁にかかっている帳面が、「金銀出出帳」「地租取上ゲ帳」「月給帳」となっているのは、いかにも琉球処分の

e

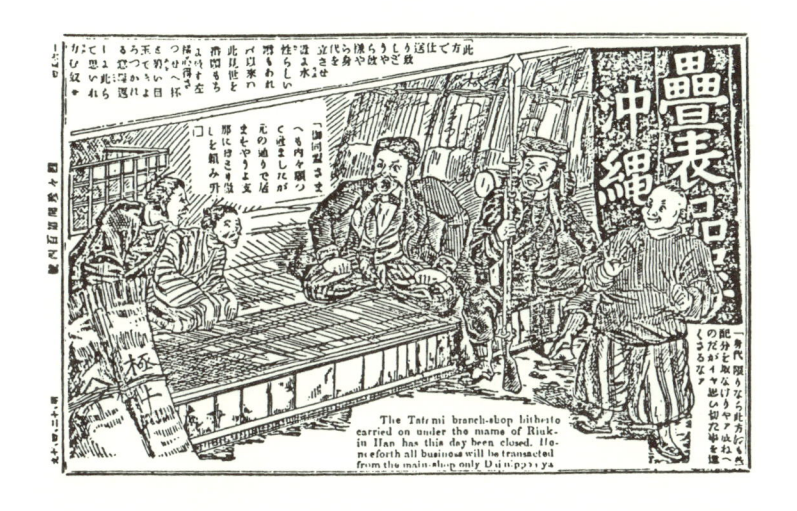

[図中の文字]
畳表 コロ 沖縄
極
The Tatami branch-shop hitherto carried on under the name of Riukiu Han has this day been closed. Homeforth all business will be transacted from the main-shop only Dainipponya.

本質をついていて、辛辣です。

　この絵のしばらく前、1878年12月、松田は第二回目の琉球出張の命令をうけ、79年1月、那覇に着いていました。そして、政府命令の遵奉を要求し、従わなければ「相当ノ処分」を行うと督責して、2月4日、琉球を去ります。この絵は琉球処分直前の状況を描いているのです。その後、松田は3月8日には第三回の出張命令をうけます。ちょうどこの漫画を掲載した『団団珍聞』が発行された日のことです。

　1879年4月19日の漫画eが描くのは、「畳表品屋」の店先です。「沖縄」というのは、商品の縄でしょうか、それとも「品屋」の支店でしょうか。左端や店の奥には「極上」の畳表らしいものがあります。琉球表（麻糸をたてとし、琉球いぐさの茎をよことして織った畳表）から連想したのでしょう。

　左側では2人の男（琉球）が頭をさげて、「御同盟さまへも内々願つて置(おき)ましたが、元の通りで居ますやうよ支那におとり做(な)しを頼み升(ます)」と頼んでいます。これに対して中央では、役人風の男が大口をあけて、「此方で仕送り致しどうやら彼様やら身代を立させ置に、水性(うわき)らしい噂もあれば以来は此見世を番頭もちに致す。左様心得さつせへ」と脅しをかけています。その右には兵士が腰をかけています。

4　漫画から「世界」を読む　139

3月12日、内務大書記官松田道之は警部・巡査160余人を引き連れて出発し、この船には兵士300余人が同乗しました。松田は、27日、首里城に入り、尚泰の上京、31日限りの退去を命令し、廃藩置県を布達しました。そして、31日、2個中隊をひきいて首里城を接収し、4月4日、琉球藩を廃止して沖縄県とすると布告していました。強制的に琉球を日本に組み込んだのです。

　こうした状況に対して、この漫画の右脇に立つ清国人は、「身代限りなら此方えも些か配分を取なけりやア成ねへのだが、イヤ思ひ切った事を遣く(だ)さるなア」と、日本の強引なやり方にびっくりしています。

　つぎに、1879年5月10日掲載の漫画(掲載略)。琉球王の尚泰が2人の男に抱きかかえられて大和楼に連れ込まれようとしている絵です。後ろからかかえている男は松田道之、横から手を押さえているのは、初代県令に任命された鍋島直彬です。これに対して、漫画に描かれた尚泰は、「左様けん〰と言て引張れちやア困る。元の通りに捨て沖縄、助けて下清。たのむ〰」と、後ろにいる清に助けを求めています。

　実際のところ、明治政府は琉球藩王に対して東京に居住するように命じ、4月12日、尚泰を出迎えるため勅使が到着しました[*]。これに対して15日、尚泰は病気を理由として上京の猶予を嘆願し、5月2日には王子が上京して嘆願しました。しかし、結局この嘆願は却下されます。そして、この漫画の後、5月20日、尚泰は上京を承諾し、27日、郵便船東海丸に乗って沖縄を出発することになります。

　同じ20日、清国公使は琉球の廃藩置県は承認しがたいと日本に抗議していました。琉球をめぐる日清の緊張関係が深まっていきます。他方、琉球のなかでは旧支配層の清国亡命をはじめ、日本に統合されることへの抵抗運動がなおつづいていました[**]。

壬午軍乱──朝鮮をめぐる日・米・清

---

　[*]以下、我部政男『明治国家と沖縄』(三一書房、1979年、76〜78ページ)を参照。
　[**]我部政男「琉球から沖縄へ」(『岩波講座日本通史』第16巻・近代1、岩波書店、1994年)。

1882（明治15）年6月24日掲載の漫画「動物懇親会」絵fは、5月22日に調印された朝鮮とアメリカの間の通商・和親条約を主題として、朝鮮をめぐる日・米・清三国の関係を描いたものです。右後ろから徳利で酒をそそぐ弁髪の豚は清、これを杯でうけている左の鶏は朝鮮、星の紋の入った羽織りを着た鳥はアメリカ、そして蜻蛉顔の娘はいうまでもなく日本です。「鶏林」（朝鮮）は言います。
　僕は何処へも出掛けず従来此処に居座りで諸君から懇親のお杯を頂く斗り。ヲヤ何方だか思ひざしと云て僕へお杯。是は〲寝耳に水知らずではない、兼々お名前はよく承て居りました。彼の米洲先生ですか。イヨー殊にお家さんのお取持、是は〲否とは云れぬ。両手に花、サ、一杯注で下さい。ア、手がブル〲震へる〲。
　すでにアメリカは10年ほど前の1871年6月、朝鮮の開国をねらって、アメリカ商船焼打ち事件の調査・報復を理由に朝鮮の江華島に攻撃を加えましたが、朝鮮軍によって撃退されていました（辛未洋擾*）。そのためアメリカは朝鮮進出政策をいったん断念しましたが、日朝修好条規の締結をきっかけと

＊海野福寿『韓国併合』（岩波新書、1995年、4ページ）。

してふたたび積極策に転じ、日本に仲介を要請しました。しかし、日本はアメリカの朝鮮進出を望まずこれに応えなかったため、アメリカは仲介を清国に求めました。1880年10月以後、アメリカの提督と清国の李鴻章との間で朝米通商条約締結のための交渉が開始されました＊。李は、ロシアの南下政策と日本の朝鮮進出政策を牽制するため、朝鮮に開国を勧告し、欧米勢力を引き入れる政策をすすめようとしていました。そのためアメリカの要請に応じることになったのです。李は条約草案をつくって対米交渉をすすめ、1882年5月、朝米通商条約の調印にいたります。「鶏林」の言葉の背景にあったのは、こうした事情です。

他方、かつて日本を開国させた「米洲」(アメリカ)は、朝鮮との条約調印をうけて、つぎのように言います。

　　　鶏林先生は下戸だ〳〵と頑固にお断りだが、何サ呑ませりやア呑むには違ひねへ。お蜻ちやん抔も最初は杯を持つのも否だト云て何処から持込でも皆な打払て居たものが、今では酒の為に身上も呑潰しさうだワ。ドレ先生へ壱ばん思ざしと出掛て遣らう。堂かお早く御返答ではない、御返杯を願ひます。夫見た事か、いけるは〳〵、お手元の速かな事は、イヤ夫でこそ高麗やアー。

一方、「お豕」(清国)は、「いやですねへ、お蜻ちやんはまア日頃の才はじけにも似合ない。鶏林さんの鼻の先に座てゐながら早くお酌をしてお上げなされば いゝのに、余りお気が付かれない過るんですヨ、ホヽヽヽヽ」と発言し、「お蜻」(日本)は、「ヲヤ〳〵ちやん〳〵がまアいつの間にかお酌をして下すツて、まア堂したらよからう。私は漸々鶏林さんの処でお座付のお吸物に有付て、是から蒲鉾にきんとんなんぞト手前にかまけて是は〳〵お気の毒さま」と語っています。日本と朝鮮の関係を弱めようとする清国の政策が功を奏しつつあったのです。

7月23日、漢城で朝鮮の兵士と住民が反乱をおこし、朝鮮政府の要人を襲

＊朝米通商条約の成立経緯については、彭澤周『明治初期日韓清関係の研究』(塙書房、1969年、86〜104ページ)を参照。

g

撃するとともに、日本人の軍事教官堀本礼造少尉らを殺害し、日本公使館を襲撃するという事件が発生しました。壬午軍乱です。これを描いた8月5日の「大評判頑虎の見世物」絵gは、見開き2ページにわたる大判の漫画です。見世物小屋で観客を集めている蜻蛉は日本。台の上でつぎのような口上を述べている蜻蛉は、着物に桜の花と、房とおぼしきものが描かれていますから、朝鮮公使の花房義質でしょう。

　サア御覧じろ、是は此度評判の朝鮮名物の大頑虎で御座イ。眼は弓を張たる如く、毛は矢の如く、声は鉄砲の響の如く、其食料は壱度に二人りの人を食ひ、開化の鼻を喰ひ切らんと歯向て来る勢ひは、彼の加藤清正も尻尾を巻て浦の小舟で逃げ出す程の大暴をした獣で御座イ升。ハイ木戸銭は正金の何万テールいき度が、ソコハソレならぬ官人、するが韓銭で三千三百三十三貫文、若し看板に偽りがあれば正金は利足を除て其儘御返し申升。夫で調度アメリカノお手本通。是から先をサア御覧じろ〜。

　一人に噛み付き、一人を前足で踏み付けている虎は朝鮮、見物する豚は清、

＊壬午軍乱と日清両国の対応については、田保橋潔『近代日鮮関係の研究』上巻（朝鮮総督府中枢院、1940年、770〜858ページ）、前掲『明治初期日韓清関係の研究』（185〜272ページ）を参照。

4　漫画から「世界」を読む

鷲はアメリカだと考えられます。ここでも、朝鮮をめぐる日・米・清の三国関係が想定されています。アメリカの手本とは、幕末日本の攘夷事件に対する外国側からの償金請求のことを思い浮かべるからでしょう。

　花房公使らは公使館を放棄して、7月30日、長崎に逃げ帰りました。花房の報告をうけた政府は、31日、仁川・釜山に軍艦を派遣することを決定し、花房が軍隊を率いて漢城に入ったのは、8月16日です。

　これに対して、清国は8月9日、朝鮮派兵を日本に通告し、10日、北洋艦隊司令官丁汝昌率いる軍隊が仁川に到着しました。これには、李鴻章の腹心、馬建忠らが同行しました。8月14日の漫画「大鱏の出陣」（掲載略）は、こうした事態を描いたものです。

　朝鮮では王妃の閔妃勢力にかわって、国王の父大院君が政権に復帰していました。8月20日、花房は朝鮮王宮で国王に会い、大院君と会見して、日本政府の要求をつきつけました。朝鮮政府としての謝罪、被害者の遺族への扶助料支給、犯人・責任者の処罰、損害賠償などがその内容です。8月26日の漫画「鮮肉即席料理」（掲載略）は、これを描いています。ここは西洋料理店「大事軒（件）」。上から吊るされて今まさに肉を切られようとしている「大いん」は、朝鮮国王の父、大院君。左の広告灯に表示されたこの店のメニューは「ジツフ（実父）ステーキ」「ボート（暴徒）ワイン」「朝撰肉ラシ」です。

　一方、馬建忠は日朝間の斡旋に奔走し、8月24日、25日には、仁川にいる花房公使にあって意見交換しました。そして、26日、大院君を拉致して天津に連行してしまいました。9月16日の漫画「網のダボ虎鯊」（掲載略）は、これを描いたものでしょう。仁川の沖で魚をつるのは清国人馬建忠。釣り上げた「ダボ虎鯊」は大院君です。馬は言います。扱いに困るが、手をあけて見ているよりも、釣り上げて持って帰れば外見もいいし、また、先になって何か出しに使う種にもなるだろうさ、と。

　朝鮮では、ふたたび国王高宗と閔氏の政権が復活し、馬建忠の指導のもとで日本との外交交渉をすすめていました。すでに8月30日、犯人の処罰、賠償金50万円の支払い、公使館駐兵権の承認などを内容とする済物浦条約が

h

調印されていました。

　こうして、壬午軍乱そのものには決着がつけられましたが、この事件をきっかけとして、むしろ清国は宗主国として朝鮮への介入を強めました。12月には、清国の推薦によって、馬建常（馬建忠の兄）とドイツ人メレンドルフが朝鮮の外交顧問になります。こうした動きは、朝鮮への進出をねらう日本の政策との矛盾・対立を深めざるをえません。1883年3月31日の漫画「独娘に婿二人」（掲載略）は、こうした朝鮮をめぐる日清間の対立を風刺したものです。

清仏戦争───清・仏関係と列強

　しかし、当時、清国が対抗しなければならなかったのは、朝鮮に進出しようとする日本だけではありませんでした。南からは、安南（ベトナム）進出を企てるフランスが迫っていました。1883（明治16）年3月、フランス軍はナムディンを攻撃し、これに対してベトナムは、4月3日、清国に出兵を要請しました。そして、5月9日、清国の黒旗党の劉永福はフランスに宣戦します。6月13日掲載の「大角力トコトン〜」絵hは、こうした清仏の対立関係を描いたものです。キャプションには、つぎのようにあります。

4　漫画から「世界」を読む　145

西方狼山〳〵、東方豚が嶽〳〵。まだ〳〵〳〵ト行司の団扇の揚る遅しト狼山は大口明いて待構へる。此方に扣へし豚が嶽はその体肥大にして出釈迦山も宜しくトいふ見て仁王立ちに踏跨り、見物は勝負〳〵とうんなり立て、今にも取組かと片唾を呑で待て居るは宜が、とはッ尻が危いぞや〳〵。

　「豚が嶽」＝「漢豚」では、身体の巨大さと愚鈍さによって清国を印象づけ、他方、「狼山」＝「仏狼」では、狂暴な狼のイメージをフランスに重ね合わせています。両者の対立の焦点は「うんなん」（雲南地方）にありました。ですから、日本はこの「勝負」そのものについては観客でしたが、フランスの進出に象徴される欧米のアジア政策については、「とはッ尻」を危惧せざるをえませんでした。右側で勝負の成り行きを睨む鷲はイギリスでしょうか。

　6月20日の漫画「動物園」絵ⅰには、清国をめぐる弱肉強食の国際情勢が描かれています。弁髪に噛みつくのは清国の北から迫る「ロシア熊」（ロシア）、左手を噛むのは香港をおさえる「インキ栗鼠」（イギリス）、左足を噛むのはインドシナ侵略をすすめる「仏狼」（フランス）です。本当は日本も朝鮮半島に噛みついているのですが、ここでは「動物園」の観客であるだけです。

8月15日、フランスは安南のユエを攻撃し、25日調印のユエ条約によって、安南とトンキンはフランスの保護領となりました。9月、劉の軍とフランス軍との戦闘は激しくなり、他方、ベトナムの支配をめぐる清仏の会談が重ねられました。しかし、結局、話し合いはつかず、11月以後、清仏は戦争状態になります。*

　1884年1月9日の漫画「新年大都会の繁華」（掲載略）には、こうした東アジア情勢が描かれています。「あんなんご」（安南にかけた餡団子か）の看板を掲げた「ぶたや」の店先では、喧嘩の最中です。この喧嘩、かなり長くつづいているようで、見物人は「去年の春から脇目もフランスに睨み合てるが、当春になっても相変らずか、気の長いシナ物さねへ」と言っています。一方、喧嘩の当事者は、長びくうちに「巡査でもくるだらう」などと言います。右手に描かれた巡査は、帽子に〝英〟の印がありますから、いずれイギリスが仲裁ないし介入してくるだろうと予測しているのです。「ぶたや」の隣の「ジヤ麺包」、つまり日本は、「大錠ぶ」という錠前をかけ、「シンバリ棒」で戸締まりに余念がありません。

　1884年5月11日、清・仏間で天津条約が調印され、清軍はトンキンから撤退すること、フランスは賠償を要求しないこと、清国はユエ条約（1883年締結）を承認することなどで両国は合意しました。しかし、6月23日、清仏両軍はふたたび衝突し、8月26日には、清国がフランスに宣戦布告するに至ります。9月6日の漫画「清国略図」（掲載略）は、福建省の地図のなかに苦しむ清国の姿を浮かびあがらせています。清国の苦境に同情する立場を示しているとも言えます。

　しかし、清仏関係が日本にとってもつ意味は、やはり〝対岸の火事〟でした。つまり、差し迫った危機ではありませんが、やはり用心が肝心ということになります。9月6日の漫画「要心するに出火図」（掲載略）は、そうした日本の構えを巧みに表現したものです。近所の「唐物町」を襲った火事を

＊清仏戦争の経緯については、坂野正高『近代中国政治外交史』（東京大学出版会、1973年、350〜367ページ）を参照。

目の当たりにして、「大和屋」では水を汲み、土を捏ね、土蔵に錠をおろすのです。

　もちろんアジアに迫っているのはフランスだけではありません。11月1日の漫画「毛唐人の寝言」(掲載略)が描く西洋人の夢では、テーブルを囲んだ男たちが豚(清国)の肉を食べようとしています。テーブルについているのは、左側からA（アメリカ）、R（ロシア）、G（ドイツ）、E（イギリス）、P（ポルトガル？）、I（イタリア）、F（フランス）です。夢を見ている男は、つぎのような寝言を言っています。

　　ヒヨンナ夢を見る事もあるもんだ。アー旨かつた〜。中々旨いアジアひだ。併し旨い物は小人数とは能く言つたものだ。斯う多勢寄ては旨い処を独りで占める訳にはいかねヘナ、グチヤ、〜。

甲申政変と1885年の東アジア

　さて、こうして清仏間で戦争がつづいている最中の1884(明治17)年12月4日、朝鮮で開化派がクーデタをおこし、重臣を殺害して政権を握るという事件がおこりました。しかし、ただちに出動した清国軍によってクーデタ勢力は弾圧され、クーデタは失敗に終わります。甲申政変です。＊

　12月27日の漫画「ヲマーツリ野蛮付」絵jはこの甲申政変を描いたものです。「魅界神社誤災例」(未開神社御祭礼)の幟をかかげて山車が練り歩いています。引いているのは、「馬唐獅々」と書いた扇子をもつ朝鮮の人びとです。山車には「馬鹿者中」が乗り、その上には「頑皷鶏」が飾られています。見物人が「魅界人社の誤災例」は「一昨年も有つた」と言っているのは、もちろん壬午軍乱のことをさしています。野蛮・未開が引き起こしたこの誤った災いを見物している文明人は、西洋人のようです。見物人には日本人も含まれているに違いありません。実際にはこの事件に日本人は深くかかわっていたのですが、そうした点はこの絵から完全に落ちています。見物人たちは

＊甲申政変とその後の処理経緯については、前掲『近代日鮮関係の研究』上巻(897〜1133ページ)に詳しく記されています。

「余まり馬鹿騒ぎは高麗御めんを蒙りたい」と言っています。ですから、事件をあくまで〝頑固〟で〝馬鹿〟な朝鮮内部の問題とし、自分とは無縁なものだととらえていることになります。朝鮮を「野蛮」「未開」と見なす視点や蔑視観が濃厚です。ただし、直接、甲申政変を主題とした漫画はこの1点しかなく、壬午軍乱に比べて『団団珍聞』の関心は希薄であったともいえます。

さて、1885年1月24日の漫画（掲載略）は、「虎」の姿をした獅子頭（朝鮮）が日本人に嚙みつき、獅子を舞わせている清国に対して「やまとや」が怒っている図と読めます。すでに1月3日、甲申政変処理の任を帯びた外務卿井上馨は特命全権大使として漢城に到着し、朝鮮側との交渉の結果、9日、条約を調印していました。他方、清国に対する責任追及の動きは、いまだ具体化していません。

2月7日の漫画（掲載略）は、日本在留のフランス人ビゴーが描いたものです。朝鮮の上に立っている清国に日本が書状（要求）を突きつけている図で、清国の背後からはフランスが弁髪を引っ張り、後方を飛び交っているのは砲弾のようです。遠くからようすを眺めているのはロシアでしょうか。ちょうどこの日、日本政府は甲申政変に関する清国への交渉方針を決定しました。2月24日、全権大使には参議伊藤博文が任命され、4月3日、伊藤と李鴻章との間で交渉が始まります。そして4月18日、ようやく両者の妥結がな

4 漫画から「世界」を読む　149

k

って、天津条約は調印されました。
　しかし、東アジア情勢が安定したわけではもちろんありません。4月15日にはイギリスが朝鮮の巨文島(コムン)を占領し、6月20日にはロシアが朝鮮にロシア人軍事顧問の採用を要求します。1885年7月25日の漫画「盆に迫る虎屋の困談」絵kは、朝鮮をめぐる列強の国際関係を描いたものです。「虎屋」つまり朝鮮の前では、「ヲロシア」「英」「亜」(アメリカ)「仏」「独」が「虎屋」の主を締め上げています。その間にも、すでに「虎屋」のなかは荒らされています。

　　ヤア〳〵夫ア余(あ)んまり無(む)ごい御談判。私の方で云(い)出した事でも無いに幾
　日待つから夫迄に返答しろとは夫や難題。コレサ〳〵其(それ)釜持て何処へ行く。
　アレサ羽織を何処へ持て行くのだ。コラ〳〵畳を揚るは誰ものだ。如何に
　強ひ者勝ちの世の中とは云ひながら、斯うも浅ましい世の有様か。這奴(こいつ)ア
　一ばん虎の皮の褌(ふんどし)を確(しつか)り締めずは成るめへが、ヱ、今から締ても間に合ふ
　めへか。ハテ高麗(こま)つたナア。

「虎屋」はこう嘆くのです。
　こうして、『団団珍聞』掲載の漫画を通じて見てきたように、1880年代前半の東アジアでは、琉球処分、壬午軍乱、清仏戦争、甲申政変と、これまで

の国家間の関係を揺るがす動きが相次いでおこっていました。清はこれらのすべてにかかわり、日本はこのうち清仏戦争以外の3件に直接関与しています。というより、この3件は、もとはといえば、日本の攻勢的な政策が招き寄せたものでした。朝鮮との矛盾、清国との矛盾があらわになるにつれ、『団団珍聞』も文明の立場を明らかにし、朝鮮・清国に対する優越意識をあからさまにするようになります。同時に、列強が東アジア、とくに朝鮮半島を狙っているとの観点を強く打ちだしていきます。そして、この時期はすでに見たように、高揚していた自由民権運動が衰退していく時期にあたっていたのです。

◆Coffee break ③

エジプトの「民権」
——オラービー運動

　『佳人之奇遇（かじんのきぐう）』という小説があります。1885年から97年にかけて刊行された未刊の作品で、政治小説の傑作とされています。物語は、フィラデルフィアの「独立閣」（インディペンス・ホール）でアメリカ独立戦争に思いを馳せていた主人公東海散士が、二人の美人に出会うところから始まります。一人はスペイン革命運動に奔走する幽蘭（ゆうらん）、もう一人はアイルランド独立運動に従事する紅蓮（こうれん）です。以後、中国、エジプト、ハンガリー、ポーランドなど列強の犠牲にされている弱小民族の歴史が語られていきます。

　作者の東海散士（柴四朗）は戊辰戦争に敗れた会津藩の出身で、1879年に渡米、ハーバード大学、ペンシルベニア大学で学んだ後、1885年に帰国して、この小説を書いたのです。

　ところで、作品中、1882年の出来事を記した部分で、散士はエジプトの「アラビイ・パシャの乱」にふれ、エジプトの歴史とイギリスの侵略について語っています。この「乱」は、現在、オラービー運動とか、オラービー革命とか呼ばれているものです。それは、アフマド＝オラービーという軍人の指導のもと、1879年から82年にかけて展開されたエジプトの民族的な運動でした。イギリス・フランスの支配に反対し、専制政治の改革、立憲制の実現をめざしました。時期的にも、内容的にも、日本の自由民権運動と重なっているところから、研究者のなかにはエジプトの自由民権運動だとする見方があります。日本政府が国会開設を約束した1881年、エジプトでも運動が憲法の約束を取りつけました。そして、1882年2月には憲法が成立します。ところが、7月、暴動事件をきっかけにイギリス軍がアレキサンドリアを砲撃し、9月にはオラービー軍が敗れて、運動には終止符がうたれてしまいます。

　ちょうどそのころ、東アジアの朝鮮では、日本の進出に反発する暴動がおこっていました。壬午軍乱です。一体、日本は抑圧・支配〝する〟側のイギリスなのでしょうか、それとも〝される〟側のエジプトなのでしょうか。

IV

日清と日露

【この章のねらい】

　この章では、1890年の帝国議会の開設後から、日露戦争後の1910年、韓国併合の頃までを扱います。中心は、何といっても日清・日露の二つの戦争です。

　ここではまず、長期的な視野にたって、1945年の敗戦までの戦前期全体を見渡し、政治体制の基本的なあり方を整理します。そして、その後でこの時期の時代像を概観します。

　叙述の中心は日清と日露の戦争です。ただし、戦闘そのもの、戦局の推移には一切ふれません。それぞれの戦争について、世界史的な視野のなかで開戦への道のりを追い、また、民衆にとっての戦争の意味を探ります。とくに、戦争の口実と実際との関係には注意してください。

　この時期は、資本主義化にともなって新しい社会問題が発生していった時代でもあるのですが、それは概説にゆずり、具体的には、徳冨蘆花という作家を通して時代に迫ってみます。人物史として読んでいただいても結構ですが、文学作品に時代はどう反映しているのか、文学者は社会とどう向きあったのかなども、大いに興味をそそられるところです。

【この時期の年表】

年	日　本	世　界
1894（明治27）	甲午農民戦争。日英新通商航海条約調印。日清戦争。	
1895（明治28）	日清講和条約。三国干渉。閔妃殺害事件。	
1898（明治31）	社会主義研究会発足。	米西戦争。戊戌の政変。
1899（明治32）		ボーア戦争始まる。
1900（明治33）	治安警察法公布。北清事変。立憲政友会結成。	中国で義和団の蜂起。
1902（明治35）	日英同盟調印。	
1904（明治37）	日露戦争。日韓議定書調印。第1次日韓協約。	英仏協商成立。
1905（明治38）	日露講和条約。第二次日韓協約。韓国統監府設置。	第一次ロシア革命。
1906（明治39）	日本社会党結成。	
1907（明治40）	足尾銅山暴動。	三国協商成立。
1908（明治41）	赤旗事件。戊申詔書。	
1910（明治43）	大逆事件。韓国併合。朝鮮総督府設置。	

1

大日本帝国と日清・日露戦争

◆

① 大日本帝国の政治体制

大日本帝国憲法はどのようにして成立したか

　1889（明治22）年、大日本帝国憲法が定められました。以来、敗戦後の1947（昭和22）年、日本国憲法にかわるまで、この憲法による政治体制が日本の政治・社会の基本となりました。その仕組みを大まかに見ておくことにしましょう。

　国の統治機構を動かす権力は、最終的には軍事力などに依存しています。近代以前の権力や、近代以降においても専制的・独裁的な権力は、物理的な力に政権の基礎をおいてきました。しかし、近代国家では、多かれ少なかれ、また、遅い早いは別として、議院内閣制・大統領制といった統治機構と、代議制にもとづく議会制度を導入し、これを法的に根拠づけることによって、国家機構を制度化してきました。それは、欧米諸国に起源をもち、近代化の過程を通じて世界の諸地域に波及していったものです。

　このような国家の基本的な枠組みは、通例、憲法によって定められます。日本でも、憲法制定・議会開設は、明治維新につづく近代国家づくりの最大の課題となりました。すでに見た自由民権運動と政府との対抗関係は、どのような国家をつくるのか、そのあり方をめぐる鋭い対立に根ざしていました。天皇の位置と議会の権限のありように対立の焦点はあります。しかし、日本の場合、問題を複雑にしているのは、民権運動の成果として直接、憲法と議

会が実現したのではなく、運動が弾圧され、解体された後に、弾圧した政府自身が憲法と議会をつくったという点にあります。憲法と議会は、運動の勝利のうえに実現したのではなく、敗北の結果、日の目をみたとも言えます。1881年10月、最高潮に達した運動は、政党を生み出しはしたものの、衰退への道のりを歩みます。他方、窮地に立った政府側は以後、巻き返しをはかり、民権派を弾圧・排除しながら、自分たちで憲法制定・議会開設の準備をすすめていきます。

こうして、憲法の起草に国民の参加を求めるどころか、完全に民意を排除して秘密裏につくられたのが、大日本帝国憲法だったのです。

大日本帝国憲法の特徴はどこにあるか

では、日本の近代国家は、統治機構のあり方を憲法によってどのように定め、また、実際にはどのようなあり方を示したのでしょうか。まず、1889（明治22）年制定の大日本帝国憲法を見ることにしましょう。天皇の名をもって定められたこの憲法は、「第一章　天皇」（17ヵ条）、「第二章　臣民権利義務」（15ヵ条）、「第三章　帝国議会」（22ヵ条）、「第四章　国務大臣及枢密顧問」（2ヵ条）、「第五章　司法」（5ヵ条）、「第六章　会計」（11ヵ条）、「第七章　補則」（4ヵ条）の全76ヵ条からなります。それは、天皇を唯一の主権者とし、あらゆる国家機構を天皇のもとに編成することを基本原理としていました。よく知られているように、プロシア憲法をモデルとしたものです。

中央権力の頂点に位置づけられたのは、「万世一系」の、「神聖ニシテ侵スヘカラ」ざる天皇でした（第1条・第3条）。天皇は国の「元首」であり、「統治権ヲ総攬」するものとされました（第4条）。天皇は「帝国議会ノ協賛」をもって立法権を行使し（第5条）、「国務各大臣」の「輔弼」をもって行政権を行使し（第55条）、司法権は裁判所が天皇の名をもって行うことになっています（第57条）。ですから、三権分立とはいえ、すべての権力は天皇のもとに一元化され、あらゆる権力の源泉に天皇は据えられていました。憲法は、第6条から第16条にかけて、天皇が議会の協賛なしに執行できる「大権事項」を規定しました。法律の裁可・公布・執行、帝国議会の召集・

開会・閉会・停会と衆議院の解散、緊急勅令の発布、陸海軍の統帥（とうすい）などが天皇の専行事項とされていました。

議会と選挙の仕組みはどうなっていたか

憲法の規定によって、帝国議会は貴族院と衆議院の二院に分けられました。貴族院は皇族・華族、および勅任（天皇の任命）の議員から組織され、衆議院（国民）から皇室を守るための防壁とされました。国民はその成り立ちに関与することはできません。国民が「選挙法ノ定ムル所」によって議員を選ぶことができるのは衆議院に限られていたのです。

「法律」はすべて帝国議会の「協賛」（議決ではありません）を経ることとなりました（ただし、たとえば勅令扱いとして「法律」の扱いをはずせば、実際には議会と無関係に法律を定めることができました）。また、予算は帝国議会の「協賛」を経なければ成り立たないこととなりました。この点で、非常に大きな制約付きですが、たしかに国民は衆議院を通じて国家の法律と予算に対して、政治的な意思を公的に反映させる道を手にしました。

では、議員を選ぶための「選挙法」はどのようなものだったのでしょうか。憲法と同時に公布された衆議院議員選挙法では、選挙権は25歳以上（被選挙権は30歳以上）の男性で、直接国税15円以上を納める者とされていました。女性は完全に政治から門前払いされ、しかも男性についても財産制限によって一般民衆、とくに無産者は政治から排除されました。当初の有権者は人口の1.1％にすぎませんでしたから、じつに98.9％の国民が国政レベルの選挙から排除されていたことになります。

衆議院議員は、直接にはわずかな人びとの代表にすぎませんでした。とはいえ、議員が圧倒的な国民世論を背後におくとき、客観的には国民を代表することとなります。世論、つまり非有権者を含む国民の声にもとづくとき、国民は議員に自らの期待を託して、間接的ながら国政に参画します。議員の背後には有権者がおり、さらにその土台には国民がいます。頂点が異常に収縮した変形のピラミッド型の構造のもとで、その頂点の部分はあるときは国民世論を代表して政府と対抗し、あるときは自らの利害にもとづいて政府と

妥協していきます。日清戦争に至る初期議会期の、民党勢力と政府との対抗と妥協の軌跡には、客観的にはそのような性格が刻み込まれていたと考えられます。

　また、衆議院が国民代表機関としての機能を正常に果たすためには、まず選挙権の拡張が必要でした。ですから、選挙制度の手かせを取り除いて衆議院を本来の国民代表機関とするため、やがて財産制限の撤廃をめざす普通選挙要求運動が展開され、さらに婦人参政権獲得運動が展開されなければならなかったのです。

　1900（明治33）年、納税資格は直接国税10円以上に引き下げられ、1919（大正8）年には3円以上となり、1925年、ついに納税による制限は撤廃されて、男子普通選挙制が実現します（有権者は人口比20％）。そして、敗戦後の1945年12月になって、ようやく婦人参政権の実現をみるのです。

内閣はどのようなあり方を示したか

　では、国民代表機関としての衆議院が、直接に向き合う行政の最高機関、つまり内閣はどのようにして組織されるのでしょうか。憲法は内閣について何も規定するところがありません。ただ国務「各」大臣は天皇を輔弼し責任を負うとして、大臣それぞれと天皇との関係を規定しているにすぎません。しかも、それは天皇との関係であって、議会との関係はまったく不明です。

　議会との関係に関する内閣の基本姿勢を明らかにするのは、黒田清隆首相の演説です。彼は憲法発布の翌日（1889年2月12日）、地方長官を前につぎのように演説しました。政党が社会に存立することは免れがたいが、政府はつねに一定の方向をとり、超然として政党の外に立ち、「至公至正」の道をとらなければならない、と。有名な「超然主義」演説です。

　このような政党内閣を拒否する政府側の基本姿勢に対し、帝国議会の開設当初から、政党勢力は議会に責任を負う内閣の実現、政党内閣の実現を課題としました。大同俱楽部（クラブ）は、国務大臣が天皇に対してだけでなく、議会に対しても責任を負う責任内閣の実現を政策に掲げ、自由党も政党内閣の実をあげることをめざしました。愛国公党も政党内閣説をとりました。1890（明治

23)年9月には立憲自由党が結党されましたが、同党も綱領の第三項目に、代議政体の実をあげ政党内閣の成立を期すことを掲げました。こうして、自由民権運動の流れをくむ民党の政策の中心は、議会・政党の側に内閣を引き寄せることに据えられていたのでした。

ところで、1889年2月21日、当時、外務大臣だった大隈重信は、「憲法の妙は運用如何に在る」と述べて、政党内閣制の規定は憲法にはないが、政党員が天皇の信任を得れば政党内閣の「実」を見ることもむずかしくはない、と言明していました。こうした発言およびその後の事態をふまえれば、内閣のあり方を見る際、条文上の明文的な規定と、運用の実態との関係をおさえておくことが重要だということになります。つまり、法制史的なアプローチと政治史的なアプローチの統一が必要なのです。

プロシア憲法も明治憲法も、「君主主義」と「議会主義」という相克を宿命とする「二つの魂」を、ともにひそませていたと言われます。ですから、憲法そのものは不変であったとしても、現実政治のレベルにおいては、議会権限の拡大を要求する政治勢力と、君主大権の強化を要求する政治勢力の間で、激しい政治闘争が展開されていくのです。

初期議会期、「超然主義」をとる藩閥政府と「政党主義」をとる民党勢力は、激しい対抗を演じました。しかし、やがて日清戦争後、藩閥勢力も伸長する政党勢力を無視することができなくなり、「桂園時代」（1900年代最初の10年余、藩閥官僚勢力の代表桂太郎と立憲政友会の総裁西園寺公望が交互に政権を担当する時代）が訪れます。そして、憲政擁護運動に代表される「大正デモクラシー」の機運のなか、政党勢力の圧倒的な成長を背景に、1920年代、政党内閣を恒常的な形態とする政治運営が出現することになります。

ただし、それが運用面にとどまったからこそ（政党内閣は制度的・法的な根拠をもちませんでした）、1930年代には力関係の転換によって崩壊し、1940年、議会政党はすべて解党してしまうのです。

戦後、1946（昭和21）年11月に公布された日本国憲法は、天皇の政治への

＊望田幸男『比較近代史の論理』（ミネルヴァ書房、1970年）。

関与を否定し、行政権は「内閣に属する」と定めました。また、内閣は、天皇ではなく、国会に対して連帯責任を負うこととなりました。国会こそが「国権の最高機関」となったのです。"近代日本国家"の政治システムは根本的に転換したのです。とはいえ、国会が「最高機関」となることができているのか、内閣が国民に「責任」を負いきれているのか、それは現在もなお未完の課題であるように思えます。

② 日清・日露戦争の時代

日清戦争はどう準備されたか

　ここで、日清・日露戦争の時代のあらましを見ておくことにしましょう。1890（明治23）年11月、ついに帝国議会が開かれました。第一回議会の施政方針演説で山県有朋首相は、国家の独立を維持するためには、「主権線」だけでなく、「利益線」をも確保しなければならないと主張しました。「主権線」とは日本の国境線のこと、「利益線」とは、この場合、朝鮮半島をさしています。日本の防衛のためには、朝鮮半島の軍事的な確保が必要だというのです。軍隊は攻めてくる敵を撃退するためだけでなく、いやそれよりも他国・他地域に進出して勢力圏に組み込むためにこそ必要だということになります。こうした論理を受け入れてしまうと、「主権線」の拡大、つまり植民地の獲得による日本の膨張につれて、「利益線」も止めどなく拡大されていかざるをえません。いずれ見るように、「利益線」は朝鮮から満州へ、そして、やがては東南アジアへと膨張していくことになります。

　山県首相は、議会に対して軍備拡張予算の承認を求めました。こうした政府の路線に対して、自由民権運動の流れをくむ民党勢力（反政府派）は、「政費節減」「民力休養」を掲げて反対しました。両者の対立は、表向き、日清戦争の前までつづきます。ただし、政党の側では、自由党系の勢力が次第に政府に接近する道を歩みはじめていました。

　1894年5月、南朝鮮一帯に農民反乱が広がりました。この年の干支をとって、甲午農民戦争と呼んでいます。朝鮮政府は清国に出兵を要請し、日本も

これに対抗して朝鮮に出兵しました。ほどなく農民軍は撤退しましたが、日本は清国の拒否を見越して共同で朝鮮の内政改革にあたろうと提案し、軍隊をそのまま居座らせました。7月、イギリスとの新通商航海条約の調印にこぎつけた日本は、その支持を見込んでついに清国に戦争をしかけました。日清戦争です。

1895年4月、戦争で清国に勝利した日本は、講和条約でついに朝鮮に対する清の支配権を排除しました。また、遼東半島・台湾・澎湖諸島と賠償金2億両（テール）（約3億円）などを手にいれました。政党も知識人も民衆も戦争を支持し、戦中から戦後にかけて、日本人の間には朝鮮・中国に対する優越感が広がっていきました。

しかし、日本の「膨張」はたちまち列強の野望と衝突することとなります。講和条約調印の6日後、ロシア・フランス・ドイツが遼東半島を清国に返せと日本に迫ったのです。日本政府はやむをえずこれを受諾しました。この三国干渉は、国民のなかに屈辱感を植えつけ、「臥薪嘗胆（がしんしょうたん）」を合言葉に、今にみていろとばかり、国民はつぎの戦争の準備へと駆りたてられていくこととなります。

日清戦後、どのような状況が生まれたか

「戦後経営」と呼ばれる日清戦後の政策の中心は、軍備の拡張、経済力の強化、植民地台湾の支配などでした。そのすすめ方をめぐって政府と政党はしばしば対抗しましたが、他面で次第に接近するようにもなっていきました。そして、ついに1900（明治33）年9月、自由党の流れをくむ憲政党は、伊藤博文を党首にむかえ、官僚らとともに立憲政友会を結成します。戦前期を通じての最大政党の誕生です。自由民権運動を担った〝自由党〟は、ここに最終的に〝死滅〟したのです。

日清戦争の勝利は、経済の面で日本の資本主義に飛躍的な発展をもたらしました。工場制工業が急成長していきます。その結果、賃金労働者が生まれ、労働問題が発生してきます。ストライキもおこり、職工義友会・鉄工組合・日本鉄道矯正会・活版工組合などの労働者の組織がつくられました。アメリ

カから帰国した高野房太郎（110ページ参照）・片山潜らが労働組合期成会を結成し、労働者の組織化を促していきました。

　これに対して政府は、1900年、新しく定めた治安立法、治安警察法に労働者・小作人の団結と争議を禁止する規定を盛り込んで（第17条）、取り締まろうとしました。そのため、運動は衰退へとむかっていきます。運動の側もまだ未熟で、労使協調的な色彩を強くもっていました。

　資本主義の矛盾は社会問題を発生させ、それはまた社会問題を解決しなければならないと考える人びとを生み出しました。そうした人びとは、1897年、まず、社会問題研究会を結成しました。これは1年余で消滅してしまいましたが、翌年には村井知至・安部磯雄・片山潜・幸徳秋水ら社会主義に関心を寄せる人びとが社会主義研究会を設立します。1900年、彼らはこれを社会主義の実践をめざす社会主義協会に改めて、社会問題の解決を社会主義の実現によってはかろうとします。そして1901年5月、日本で最初の社会主義政党、社会民主党を結成するに至るのです。メンバーは6人で、自由民権の流れをくむ幸徳以外の5人は、いずれもキリスト者でした。安部が起草した宣言書は、社会主義・民主主義・平和主義をめざすと宣言しています。政府は制定したばかりの治安警察法を使って、この党を解散させてしまいました。

　資本主義の発展は、農民のうえにも暗い影をおとしました。1901年、栃木県選出の代議士田中正造は議員を辞職し、天皇に直訴しました。足尾銅山の流す鉱毒は、渡良瀬川下流の茨城・栃木・群馬・埼玉の4県を浸し、数万町歩の田園を荒野に変えてしまった、古河鉱業の営業を停止してほしい、憲法と法律によって権利を守ってほしい、田中はこう訴えました。社会主義者・キリスト教徒・学生らも支援運動にたちあがります。田中に頼まれて直訴文を起草したのは、幸徳です。

　すでに被害民たちは、1897年、98年、1900年の三度にわたって、大挙して上京して請願しようとし、官憲の弾圧にあっていました。結局、政府は輸出の花形である銅を守り、被害民を切り捨てたのです。

日露戦争はどう準備されたか

　日清戦後、列強は中国への侵略を強めました。これに対して、中国では義和団の蜂起がおこります。1900（明治33）年、列国は連合軍を組織して蜂起を弾圧しました（北清事変）。日本も最大規模の兵力でこれに加わり、列強の「極東の憲兵」としての性格を強めます。

　事変後もロシアが満州（中国東北部）にいすわりつづけたため、国内では、日本の朝鮮支配が脅かされているという声が強まりました。こうした事態に直面して、政府内部では、とりあえずロシアと妥協するか、それともロシアと対立しているイギリスと手を組むかをめぐって、路線の対立がおこりました。結局、後者の路線が選ばれ、日英同盟が成立しましたが、それは対露戦の危機を深めることとなりました。

　1903年、ロシアが満州からの第二次撤兵を行わず、かえって軍隊を増強しているという情報が伝わると、ロシアと戦えと主張する声がいっきに強まりました。民間の対外硬同志会は大会を開いて対露同志会と改称し、また、帝国大学教授の戸水寛人ら7博士は対露強硬意見を政府に提出しました。ほとんどの新聞が開戦論を展開していきます。

　高まる開戦論に対抗して戦争反対の声をあげたのは、社会主義者とキリスト者のごく一部でした。幸徳秋水・堺利彦・内村鑑三は、新聞『万朝報』で非戦論を展開していましたが、同紙が開戦論に転じたため、退社します。その後、幸徳・堺らは平民社を結成し、『平民新聞』を発行して政府批判を展開していきます。しかし、政府の規制と好戦的な世論の高まりのなかで、次第に逼塞を余儀なくされることとなりました。

　1904年2月、日露戦争が開戦しました。戦争は一家の働き手を奪いました。戦費は増税・国債となって、国民の肩に重くのしかかりました。しかし、大多数の国民は勝利の獲物を夢見て、犠牲に耐えました。では、この戦争は何のための戦争だったのでしょうか。宣戦の詔勅がいう「韓国ノ保全」、つまり朝鮮半島の確保こそが最大の目的でした。

　開戦から2週間後、ソウルを軍隊で占領した日本政府は、韓国政府に日韓議定書の調印を迫り、日本の従属国となることを承認させました。戦争の真

っ最中の5月には、政治・軍事・外交・財政の実権を日本がにぎり、経済上の利権を拡大するという基本方針を閣議決定します。8月の日韓協約では、外交顧問と財政顧問をおくことを韓国に認めさせます。

日露戦争は何をもたらしたか

1905（明治38）年9月、日露両国は講和条約に調印し、戦争は日本の勝利に終わりました。賠償金はなく、ロシアから〝獲得〟した領土は樺太の南半分だけでした。この〝戦果〟に、重圧に耐えてきた民衆は不満を爆発させ、東京では暴動がおこります。日比谷焼打ち事件です。しかし、政府は講和条約で念願を達成していました。韓国に対する支配権をロシアに認めさせ、旅順・大連の租借権と、長春以南の鉄道を譲り受けたのです。大陸侵出の足場を手に入れたことになります。

そこで、ただちに第二次の日韓協約を韓国に強制し、保護国にしてしまいました。朝鮮の民衆は激しい武装闘争をおこして抵抗しましたが（義兵闘争）、日本軍はこれに残虐な弾圧を加えました。そして、1910年8月、日本はついに韓国を併合し、自らの植民地にしてしまったのです。開国から60年、日本は列強の抑圧を受ける国家から、他民族を抑圧する国家へと転換しました。安政の不平等条約が完全に改められたのは、その翌年のことです。一方、中国については、遼東半島の租借地を関東州とし、大陸侵略の根拠地にしました。また、南満州鉄道株式会社を設立して、鉄道網と沿線の利権網を満州支配のためにフルに活用していきます。

韓国併合に先立つ1910年の5月から7月、全国で社会主義者がいっせいに検挙されました。天皇の暗殺を企てたというのが、その理由です。日露戦争中、一時、なりをひそめざるをえなかった社会主義者たちは、戦後、日本社会党を合法的に結成して、活動を開始していました。しかし、戦争中、アメリカに渡っていた幸徳秋水が無政府主義の影響を受けて帰国すると、その影響が強まっていきました。社会変革のためには、労働者の直接行動しかないと主張したのです。このような直接行動派の社会主義者を弾圧しようとしたのが、この大逆事件でした。

翌年1月、幸徳ら24人は死刑を宣告され、12人に対する絞首刑が執行されました（残りの12人は天皇の恵みとして、無期懲役に減刑されました）。この事件をテコとして、政府は社会主義への弾圧体制を強め、社会運動には「冬の時代」が訪れることとなります。
　外に対する侵略と内に対する抑圧。1910年の日本国家の姿は、帝国主義国のそれにほかなりませんでした。

2

日清戦争と民衆

◆

① 日清開戦への道のり

なぜ日本は朝鮮に出兵したか

　1894（明治27）年5月、朝鮮の農民たちが反乱をおこしました。日本の教科書は長らくこれを「東学党の乱」と呼んできました。東学を信ずる人びとが起こした反乱だからというネーミングです。東学とは、1860年、崔済愚（チェジェウ）という人がおこした宗教で、西学（キリスト教）に対抗するという意味がこめられています。教えを信じれば、天と人は一つになって救われると説きました。朝鮮政府はこれを弾圧し、崔は異端の罪で処刑されます。しかし、二代目教主のもとで東学の勢力は各地に広がっていきます。1893年には、日本・西洋をしりぞけることをスローガンに掲げるとともに、朝鮮当局への非難を強めます。そして、地方役人の税収奪に対する怒りをきっかけに、ついに蜂起に至ったのです。農民たちは日本勢力を追い払い、閔氏政権を倒すことを唱えて各地で立ちあがり、反乱は朝鮮政府を相手とする戦争へと発展しました。ですから、東学党の反乱というのでは、あまりに狭く、農民たちの運動の質を表現しきれていません。そこで、近年は、この年の干支「甲午」をとって、「甲午農民戦争」と呼ぶようになっています。

　さて、朝鮮政府は農民たちの闘いを押さえることができず、6月3日、宗主国の清に出兵を求めます。ところが、日本はその前、6月2日には出兵を決定し、5日、戦争指導部である大本営を設置します。なぜ、日本はこんな

にすばやく出兵を決めたのでしょうか。そして、出兵の根拠はどこにあったのでしょう？

その間の事情を、当時、外務大臣だった陸奥宗光は、要旨、つぎのように説明しています。*

> 東学党の挙動に十分注意するとともに、朝鮮政府のこれに対する対応と、朝鮮政府と清国使節の関係を、ぬかりなく視察せよ。私は朝鮮駐在の杉村代理公使にこう命じた。この時、日本は議会の開会中であり、衆議院が内閣を非難する上奏案を議決しようとしたので、政府は議会解散の措置をとろうとしていた。六月二日、朝鮮政府が清国に出兵を求めたとの杉村の電信が届いたので、私はこの日の閣議の冒頭、閣僚に杉村の電報を示して、もし清国がどのような名目であるにせよ、朝鮮に軍隊を派遣する事実があるときには、わが国も派兵して、日清両国は朝鮮での権力の平均を維持しなければならない、と述べた。閣僚がみなこれに賛成したので、政府として派兵を決定し、議会解散の決定とともに天皇の許可を得て執行した。

こうして情報を事前にキャッチした陸奥は、出兵を決定し、朝鮮公使や陸海軍と連絡をとって出兵の態勢を固めたのです。同時に陸奥は、「時に臨み機に投じ国家の大計を誤るなきを期せざるべからず」と考えて、伊藤総理と熟談をこらしたといいます。**

> 日清両国が出兵すれば、当然、戦争となることが予想される。その場合も、日本はなるべく平和を破らず、国家の栄誉を保ち、日清両国の権力の平均を維持しなければならない。また、日本はなるべく「被動者たるの位置」をとり、つねに清国を「主動者」にする必要がある。また、このような一大事件が発生すれば、必ず第三者である欧米各国が介入してくるに違いないが、できるだけ問題を日清間の関係にとどめることが必要である。

日本はやむをえずやっているのだ。悪いのは清国だ。つねにこうした構えをとって、世界にアピールすること。これが大切だというわけです。ですから、裏返せば、日本政府の公式見解や、表向きの動きだけでは、日清戦争に

＊陸奥宗光『蹇蹇録』（岩波文庫、1983年、23〜25ページ）。
＊＊同前（26ページ）。

至る事態はわからないということになります。真相を見極めるためには、実際にやっていることと、言っていることとの区別が必要なのです。

ところで、なぜ清国が出兵すれば、日本も出兵するのでしょうか。朝鮮政府から公式に出兵要請を受けたのは清国であって、日本は何の要請も受けていません。出兵に際して日本が「被動者」となるためには、一種のロジックが必要になってきます。

陸奥は、朝鮮において日清両国の権力の平均を維持することが大切だと繰り返し主張しています。清は朝鮮にとって長らくの宗主国です。その清と日本が対等の権力をもつとはいってみても、根拠は一体どこにあるのでしょうか。陸奥は言います。唯一の明文は10年前の天津条約のなかのつぎの定めしかない、と。つまり、甲申政変の後始末として、日清両国が結んだこの条約には、日清両国は同時に朝鮮から撤兵することを約束するとともに、将来、朝鮮で事変があって日清両国のうちのいずれかが出兵するときには、互いに「行文知照」すること、とあったのです。「行文知照」とは、文書によって事前に通告するといった意味です。これしか国際社会に認知された対等性の根拠はないというわけです。

ですから、万全の出兵態勢をとりつつ、まずは清国の「行文知照」を待たざるをえません。7日、ついにきました。清国公使が朝鮮国王の要請に応えて「属邦」保護のために出兵すると通告してきたのです。陸奥は朝鮮を「属邦」とは何事だと抗議はしましたが、今はそれにこだわっている場合ではない、「最早一刻片時も待つべき必要なし」、陸奥はただちに日本も出兵すると清国政府に通告しました。

朝鮮内政「改革」提案の狙いは何か

清国軍2000人は10日までに朝鮮に上陸しましたが、日本も正式通告の前の5日、すでに派兵を開始していたので、10日には陸戦隊がソウルに入り、12日には混成旅団の先頭部隊が仁川に到着します。ところが、政府軍と激しく

＊同前（35ページ）。
＊＊同前（37ページ）。

戦っていた農民軍は、同じ10日、政府側と和約を結んで撤退を開始します。これをうけて朝鮮政府は、日清両国に撤退を求めます。もはや出兵の根拠はなくなったことになります。12日、共同撤兵のための交渉が始まります。

ところが、日本政府は15日、ある閣議決定をします。これは、後で日清開戦の論理を分析する際、重要なポイントとなりますから、少し詳しくふれておきましょう。ある日（おそらく14日）、伊藤総理は閣議の席で、つぎのように提案しました。朝鮮の反乱を鎮圧した後は、日清両国が協力して朝鮮の財政・行政などの改革にあたってはどうか、これを清国に提案しよう、と。閣僚はみな賛同し、陸奥もとくに異議はなかったのですが、不安になりました。これによって、日本は外交上、「被動者」から「主動者」にかわってしまうのではないか（日本が清国に対して外交上のイニシアティブをとるわけですから）。また、清国がそう簡単に日本の提案に同意するわけはない。では、その時にどうするのか。陸奥は決定を一日待ってほしいと申し出ます。ちょっと待てよ、というわけです。

夜中まで考えあぐねた陸奥は、翌日の閣議で、つぎの二項目を追加することを提案します。清国との協議の成り行きにかかわらず、現在出兵中の軍隊はけっして撤兵しないこと、清国が同意しない場合は、日本が独力で朝鮮の改革をすすめること。清国の意向にかかわらず、軍隊を駐在させ、単独でも改革をすすめるというわけです。閣議はこの提案を含めて決定します。16日、陸奥は清国公使に朝鮮内政の共同改革を提案しますが、案の定、21日、清は日本の提案を拒否します。そこで早速22日、日本は内政改革が実現するまでは撤兵しないと通告します（第一次絶交書）。

開戦はどのようにして決定されたか

さて、さきほど紹介した陸奥の言葉を覚えていますか。一大事件が発生すれば、必ず欧米各国が介入してくるに違いないと述べていました。実際、陸奥が言うとおりで、日清関係は日清両国だけで話が終わらないというのが、日清戦争を考えるうえで見逃せないポイントです。いつもヨーロッパが後ろにいる。何か口や手を出すのではないか。下手をすると元も子もなくなる、

というわけです。

　案の定、6月25日、ロシアが日清関係を斡旋すると申し入れてきます。30日には、朝鮮政府の撤兵要求に応じなさいと日本に勧告します。20日の清国側からの要請にもとづくものでした。同じ30日、イギリスはロシアに日清の紛争に対して共同行動をとろうと提案します。つづいて7月2日には、イギリスも調停に乗り出してきます。

　このような動きのなか、10日、日本は朝鮮政府に対して内政改革案をつきつけ、期限つきで実行を迫ります。日本軍が朝鮮から引き揚げるのが先だと、朝鮮政府がこれを断ったのが16日。ちょうどこの日、日本が戦争に踏み切る決心をするうえで重要な出来事が、はるか彼方のロンドンでありました。

　日英通商航海条約の調印がそれです。幕末以来、日本は欧米との不平等条約に苦しんできました。岩倉使節団の派遣にはじまり、寺島宗則・井上馨・大隈重信・青木周蔵と、歴代の外務卿・外務大臣がこの改正に取り組んで、いずれも失敗に終わっています。そして、陸奥の出番となったのです。陸奥の提案をうけて、閣議が改正案と交渉方針を決めたのは、ちょうど1年前の7月。12月には、まず、イギリスと交渉を始めています。そして、日清間が風雲急を告げる1894年7月16日、ついに調印にいたったのです。領事裁判権は廃止すること。これまで国民の不満の種だった法的な不平等は、これで一応なくなりました。悲願達成というわけです。しかし、もう一つの重要なポイント、関税自主権の回復は棚上げにされました。最終盤、日本側が譲歩を重ねたからです。というのも、何としても早く、この際調印にこぎつけたいと考えたからです。清国と戦争しても、イギリスは日本の側についてくれる。少なくともそうした保障がほしかったのです。調印後、イギリスの外相が、この条約は日本にとって清国の大軍を敗走させたよりもはるかに意味があると語ったというのは、有名な話です。

　戦争をしても大丈夫。イギリスは好意的な立場をとってくれる。日本政府は、こんなふうに思ったことでしょう。17日の大本営御前会議で、早速、清国との開戦を決定します。では、どんな理由で、何をきっかけとして、どのように戦争を始めようというのでしょうか。

日本は朝鮮で何をしたか

　清国に出兵を求めたのが朝鮮政府だということ、そして、日本が内政改革提案をつきつけたら、撤兵するのが先だと返答してきたということは先にみました。日本側にとっては、この朝鮮政府は気に食わない政府だということになります。

　20日、日本公使は清国と手を切れ、回答期限は22日だ、と朝鮮政府に迫りました。最後通牒です。そして、こともあろうに回答期限の翌23日の未明から早朝にかけて、日本軍は朝鮮の王宮を占領し、朝鮮軍を武装解除してしまったのです。＊ そのうえで清国寄りと見なした政権を倒して、日本寄りの政権をつくってしまいました。こうすれば、思いのままです。政府を変えてしまえば、こっちのものというわけです。都合がよい指示を出させさえすれば、日本の行動は朝鮮政府の求めに応じたものだということになって、大義名分が通るのですから。なお、開戦と朝鮮対策がピタッと連動していることは、後の日露戦争を見る場合にも、重要なポイントになりますから、よく覚えておいてください。

　さて、早速25日、この〝新しい朝鮮政府〟は、清国とは縁を切ると宣言し、清軍を追い払ってほしいと日本軍に頼みます。そこでこの日、日本艦隊は豊島沖で清国の軍艦を攻撃して、日清戦争を始めます。なお、この時、ついでにイギリス国籍の輸送船高陞号も沈めてしまったため、一時は日英関係が険悪になります。一方、陸軍は29日、朝鮮の成歓を占領、30日には牙山も占領します。そして、ようやく8月1日に正式の宣戦布告となるわけです。

　宣戦布告と日本国民の反応を見る前に、話の都合上、開戦後の日本と朝鮮の関係を先に見ておくことにしましょう。

　8月20日、日本政府と朝鮮政府（例の親日政府です）は「日韓暫定合同条款」に調印します。朝鮮側は日本の内政改革の勧告を受け入れ、また、日本が京釜鉄道・京仁鉄道を敷くことなどを認めます。ついでに日本側は王宮占領事件は問題にしないという約束もとりつけました。26日には、「大日本大

＊中塚明『歴史の偽造をただす』（高文研、1997年、37～68ページ）。

2　日清戦争と民衆　　*171*

朝鮮両国盟約」に調印して、朝鮮政府は清国との戦争に協力し、食糧を準備するなど便宜をはかりますと約束させられます。こうして、日本軍は9月半ば、平壌の戦い、黄海海戦で勝利して、朝鮮を足場に清国領内に迫っていきました。

　日本軍は朝鮮の各地で食糧や物資、人馬を強制的にかき集めながら、戦争をすすめていきます。では、5月末から6月初めにかけて立ちあがっていたあの朝鮮の民衆は、その後、どうなったのでしょうか。じつは、日本軍に協力する地方の役所を襲撃したり、日本軍用の電信線を切断するなど、各地で日本軍に対して抵抗していたのです。いったん撤退した農民軍は、10月中旬、ふたたび蜂起します。日本軍を追い払い、日本寄りの政権を倒すことが目的です。これに対して政府軍と日本軍が出動し、各地で激戦が繰り広げられます。結局、農民軍は敗れ、翌年1月、抵抗は終わります。

　一方、10月には内務大臣の井上馨が新任公使となって朝鮮に着任します。外務大臣などもつとめた大物公使です。井上は11月、朝鮮国王に20か条の「内政改革綱領」を突きつけて、これを認めさせます。日本が本格的に内政改革を指導するというのです。

②　日清戦争と民衆

開戦理由はどう語られたか

　話を日清関係にもどしましょう。これまでくどくどと開戦の成り行きを見てきたのは、宣戦の詔勅の意味や世論のようすを解読するのにはそれが不可欠だからです。詔勅は世界に向けての、また国民に対しての公式見解、第一級の公式文書です。しかし実際、これほどあやしいものはありません。普通、公式見解に本音は書きませんし、自分にとって都合が悪いことも書くはずがありません。とはいえ、まずはだまされたつもりで素直に読んでみましょう。[*]

　「朕」（天皇だけが使う一人称で私のこと）は、清国に対して戦いを宣言

＊歴史科学協議会編『史料日本近現代史』I（三省堂、1985年、175ページ）。

する。朕の部下は国際法にもとらないかぎり、一切の手段を尽くして清国と戦え。

　考えてみると、朕の即位以来、二十余年、平和を求め、外国と対立することを避け、友好関係につとめてきた。ところが、一体どういうことか、清国が朝鮮の事件について、日本に対して信義を失する挙に出るとは。朝鮮は「帝国」（日本のこと）がその始めに導いて国際関係につかせた独立の一国である（1876年の日朝修好条規のことをさしています）。ところが、清国はいつも朝鮮は自分の属国だと称して、陰に陽に内政に干渉し、内乱があると出兵してきた。朕は「明治十五年」の条約（済物浦条約のことです）によって出兵するとともに、朝鮮に永遠に混乱がないようにし、将来にわたって治安を保たせ、それによって東洋全体の平和を維持しようとして、清国に協同して事にあたろうと申し入れたところ、清国はあれこれ難癖をつけてこれを拒んだ（共同改革提案と清国の拒否）。そこで、帝国は朝鮮に対して改革を勧告し、朝鮮もこれを承認したのに、清国は陰でさまざまに妨害し、時間稼ぎをしながら軍備を整えて、その力で欲望を達成しようとし、さらに大軍を朝鮮に派遣して、日本の軍艦を攻撃した。清国の思惑は、朝鮮の独立国としての地位をあいまいにして、帝国の権利・利益を傷つけ、これによって東洋の平和を乱そうとすることにある。もはやここに至っては、戦いを宣告せざるをえない。

　日本はもっぱら平和と友好の国で、悪いのは清国だというわけです。ですから、素直にこれを読めば、さあ、戦争へ、ということになります。しかし、実際の経過は、すでに見てきたとおりです。日本が平和と友好の国どころではないことは、事実が示しています。

新聞は戦争をどう伝えたか

　徳富蘇峰という言論人がいます。1887（明治20）年、民友社という結社を組織して雑誌『国民之友』を発行し、平民主義を唱えた人として知られています。その蘇峰は、日清開戦目前の7月23日（朝鮮王宮占領事件の当日です）、「好機」という文章を『国民之友』に掲げました。要旨、こんなふうに

言っています*。

　好機は得がたく、失いやすい。今、好機は私に接吻しようとしている。握手しようとしている。好機とは何か。言うまでもない。清国と開戦する好機のことだ。言葉をかえて言えば、膨張的日本が、膨張的活動をする好機だ。

　チャンスを逃すな、あの頑固で頭の固い清国が開戦の口実を与えてくれたのをもっけの幸いとして、戦争に踏み切れ、というわけです。この機会に、世界に膨張的日本として認めてもらおう。他の膨張的国民と対等の位置を占め、世界の大競場で競争するチャンスにしよう。早く開戦しろ、早く開戦しろ。蘇峰は政府にけしかけたのです。

　その6日後の29日、福沢諭吉は新聞『時事新報』で、日清の戦いは文明と野蛮の戦いだと書きました**。もちろん文明は日本、野蛮は清国です。この新聞も、前日、豊島沖での「大勝利」を号外で報じていました。しかし、福沢は勝利は大名誉には違いないが、「文明精鋭の兵器」が「腐敗国の腐敗軍」に勝つのは当たり前、ちっとも驚くにはあたらないと書きます。さて、「文明世界の公衆」はこの戦争をどう見るだろうか。「文明世界の人々」が日本の目的に同意するのは間違いない。文明進歩のために、「多少の殺風景」（戦争のこと）を演じるのはやむをえない。むしろ「支那人」は、「文明の誘導者」である日本国人に感謝するに違いない。

　蘇峰の言う「世界」、福沢の言う「文明世界」とは、もちろん西洋世界のことです。彼らが西洋からの「目」を気にしているのがよくわかります。そして、ともに清国の「頑冥」「腐敗」を強調して、日本の行いをたたえあげるのです。われわれは「文明」だ、というわけです。

　蘇峰や福沢は当時の代表的な言論人ですが、こうした主張はもちろん彼らに限ったものではありません。たとえば『東京朝日新聞』は、7月26日、朝鮮から「速かに清兵を一掃せよ」と主張し、開戦後の29日には、「清国の為にも亦祝す」と書いています。「教師」（日本）の「訓戒的打撃」によって、

＊同前（162～164ページ）。
＊＊同前（174ページ）。

「初学の門」に入ったのだから、敗北しておめでとうというわけです。『万朝報』という新聞は、7月1日、「戦はざる可べからず、戦はざる可べからず」と開戦へむけて政府をむち打っていましたが、8月4日には、「宣戦の詔勅を読み同胞五千万に告ぐ」という論説を掲げます。全員が全力をあげて戦争に参加し、戦争を支えようという呼びかけです。それをしないものは、「帝国同胞」ではない、「同胞の敵」だ、身は帝国に生まれても、心は清国人だ、というわけです。

このように国家と国家の戦争、対外戦争は、国家のなかの対立を棚上げにさせ、うって一丸となって国家のためにという意識を生み出します。これに逆らうものは、後の言葉で言えば"非国民"だということになります。この点、国内を割る戦争である内戦とは大いに異なります。日清戦争から二十数年前の戊辰戦争や、十数年前の西南戦争のことを考えてみればよくわかります。他国との対立を際立たせる対外戦争は、"国民"を"国家"にまとめあげるための恰好のステージとなります。戦争という舞台のうえで庶民は"国民"となり、いやがうえにも"国家"の課題を荷わざるをえなくなるのです。

ところで、開戦に先立つ6月初め、政府と議会が激しく対立し、政府が窮地にたたされていたことは、陸奥の記録を引きながら先に見ました。では、戦争が始まると、政府を攻撃していた政党は、どうなったのでしょうか。6月2日、衆議院は解散され、9月1日、臨時総選挙が行われます。10月15日、選ばれた議員たちを召集して臨時議会が開かれますが、その場所は何と広島。1か月前、大本営は広島に移り、天皇もここに赴いて、広島は戦争の前線基地になっていました。議会のようすはこれまでとはうってかわりました。政党の政府攻撃は影をひそめ、もっぱら政府とともに、戦争の勝利のために、ということになりました。

民衆は戦争をどう受けとめたか

東京の一番西に桧原（ひのはら）という村があります。ほとんどが森林地帯の村です。この村の農民の牛五郎という人の日記があります。1894年8月のところを見てみましょう。

8月22日、この日は畑に大根をまいたり、蚕の世話をしたりしたらしく、そうした農作業について書いていますが、それと同時に、つぎのように書いているのが目を引きます。日清開戦の三度目が近くあったそうだ。17日、21日、23日等、大戦争があって、実に「古今未曾有之大戦」だ。

　翌日も農作業などの記載に混じって、日清開戦が近いとの風説がますますあると書いています。そして、宇田寅吉が4、5日前、『万朝報新聞』を歌田寅吉・山崎房次郎と3人で金を出し合って取ったそうだ、日清開戦の際なので取るのだ、とも書いています。戦争・戦況への関心をかきたてられ、新聞を購読しはじめたというのです。25日には、彼も『万朝報新聞』を見て、「国家」の「安危」にかかわる「決戦」は「平穏」のようだと書いています。

　『万朝報』については、先に開戦をめぐる論調のところで紹介しましたが、この新聞は、1892年、黒岩涙香が創刊した新聞で、スキャンダルなどを暴いたりしたことから急速に読者を増やし、日清戦争後には、東京で最大部数をもつ新聞となります。読者には、都市の中下層の人びとが多かったといいます。テレビもラジオもなかった時代、当時の最大かつ詳細な情報源は、もっぱら新聞でした。新聞は自由民権運動の時代のように政治そのものを論じるよりも、報道に中心をおくようになっていました。戦況報道は、まさに情報の勝負です。新聞は特派員や従軍記者を戦地などに送って読者に伝え、さらなる読者を獲得しようとします。"日本"はじまって以来最初の大戦争の渦中にいる"国民"の側は、いやがうえにも戦場への関心をかきたてられ、新聞に情報を求めます。こうして、"国民"と新聞との新しい関係が生まれていくのです。

　日記をもう少し追ってみましょう。9月1日には、この地域からも兵士が2人出兵するので、氏神の熊野神社に地域の人びと、青年連中、学校の生徒が集会し、兵士安全の祈願をしています。3日には、郷社の大嶽山で三日三晩、兵士のために「日本軍人大勝利」の祈願をするので、青年連中も祈願に行こうとの誘いがきています。

　　　＊『牛五郎日記』第5冊（牛五郎日記研究会、1985年、192〜204ページ）。

9月19日には、東京に出たおり、「招魂社」(靖国神社のこと)に出向いて、清国からの「分取物品」を見物しています。
　戦況に対して強い関心を抱いていることがわかります。また、戦場との一体感や出征する兵士への思いから、神社において勝利の祈念が行われます。さらに、「戦利品」を見学して、勝利を自分の目で確かめることになります。
　牛五郎の日記と比べるため、もう一人、別の人の日記を見てみることにしましょう。誰のものでもよいのですが、ここでは東京日野の河野清助の日記を紹介します*。日をおって関係する記事の要旨を書き出してみます。

7月23日　朝鮮国で20分間、戦争がある。合戦始め。
　　25日　朝鮮国豊島で日清戦争あり、北洋艦隊済遠号、清船1隻うばいとる。兵士80名生捕り。
　　29日　朝3時、朝鮮牙山の激戦5時間、清兵5〜600人即死、分捕物数知れず、大勝利、日本兵将校5名、兵卒70名死す。
9月 9日　日清戦争につき「渡鮮兵」へ金3円陸軍省へ、金2円海軍省へ献納す。
　　15日　清国兵と大合戦、平壌大勝利。
　　17日　海軍大勝利。午後1時より5時まで、盛京大孤山沖で大激戦あり、海洋島、わが艦隊11隻、敵艦21隻。清艦揚威・迢勇・来遠・清遠は打ち沈んだ。
　　20日　九段の靖国神社へ清国分捕品を縦覧に行く。
　　21日　海陸軍大勝利の祝宴あり。
　　24日　朝鮮平壌役分捕り、大砲40門、天幕2000張、軍馬1700頭、米粟600石、小銃2000挺、およそ600万円位のものなり。

　やはり、戦況への強い関心と「戦利品」による勝利の確認、そして、勝利の祝祭のさまがよくわかります。戦況に関する情報源が何なのか、よくわかりませんが、おそらく新聞あたりではないかと思います。こうして、戦争という対外的な緊張状態のなかで、国民的な一体化がはかられ、国家意識はい

――――――――――
＊『日野市史史料集』近代2 社会・文化編(日野市史編さん委員会、1979年、127〜129ページ)。

2　日清戦争と民衆　*177*

やがうえにも高まっていくこととなります。同時に、これまでは彼方のことだった中国・朝鮮の問題が、急に身近なものになったに違いありません。戦地と国内は、直接には兵士によって、間接的には新聞などのメディアによってつながれていくこととなります。

樋口一葉は日清問題をどう受けとめたか

　さて、もちろん戦争は、男を、大人を、取り込んでいっただけではありません。女も子どもも、やはり戦争の渦に巻き込まれていきました。ここでは、樋口一葉の日記を取り上げます。女性の代表として彼女を取り上げるのが適切かどうか、ためらいもありますが、日記が心境をよく語ってくれていますから、要約しつつ紹介してみましょう。

　まず、開戦から半年ほど前、1893（明治26）年12月2日の日記です。夜中に目をとじて、彼女は静かに当世のありさまを思うのです＊。

　　この世の中は、一体どのようになり、どのようになろうとするのだろうか。ふがいのない女子が何事を思ってみても、蟻やミミズが天のことを論じるのにも似ている。これを人が知れば、あまりにも身の程を知らないと言うかもしれないが、しかし、同じ天をいただいているのだから、風雨や雷が身の上に及んでこないはずはない。国の片隅に生まれ育って、「大君」の恵みをうけることについては、大臣や将軍にも少しも劣らないのに。日々せまってくるわが国のありさまを、川を隔てて火を見るようにしていてよいものだろうか。外国の華やかさを慕い、日本は古いと嫌って浮かれる気持ちは、住居から詩歌、政体にまで及び、とどまるところをしらない。こんなことをしていたら、何があらわれてくるだろうか。外には朝鮮問題をはじめとして心配事が多く、内では政党の争いが激しく、内輪もめをおこしている。一体、わが国のゆくえはどうなるのか。外には鋭い鷲の爪がある。獅子の牙がある。インドやエジプトの前例を聞いて身はうち震え、魂はわななく。物好きだといって後世の人にあざけられようとも、このよ

＊樋口一葉「塵中日記」（『明治文学全集』30、筑摩書房、1972年）。

うな世に生まれ合わせて、何もすることなく終わってしまってよいものだろうか。やるべきことをやるしかない。それにしても恥ずかしいのは女子の身ではある。

　女は天下国家のこと、政治向きのことには口を出すな。そんな社会の縛りは、先に見たような女性排除の政治システムによって完成させられていました。しかし、彼女は世の中のありさまが気になってしょうがないのです。私は女だ。どうしようもない。でも、やっぱり何とかしなければ。そんな気持ちが伝わってきます。ときに一葉は21歳。

　その半年後、朝鮮半島ではすでに見たように甲午農民戦争が起こります。1894年6月の日記には、およそつぎのようにあります。*

　　この頃のことをすべて書き尽くすのはむずかしい。朝鮮東学党の騒動、わが国よりの出兵、清国との争い。これらは女子が知るべきことではない。しかも、この頃はうち続いて心がせわしいので、その日のことをその日に書けず、やがて忘れて散りうせてしまうものも多い。また折をみて書きつけよう。

　こうして、若い一葉は、社会的な関心につき動かされたナショナルな感情と、女だからどうしようもないという自己限定の間で、揺れていたのです。

戦争は子どもの目にどう映ったか

　では、子どもたちに戦争はどのように及んでいたのでしょうか。中勘助の小説『銀の匙』は、日清戦争から20年後に発表された味わい深い作品ですが、そのなかの一節に日清戦争時の子どもたちのようすを描いた箇所があります。文学作品ですから、そのまま事実だとは言えないのですが、当時の雰囲気がよくわかります。要約して紹介しましょう。**

　戦争がはじまって以来、仲間の話は朝から晩まで「大和魂」と「ちゃんちゃん坊主」でもちきっている。先生までがいっしょになって、犬でもけしかけるように「大和魂」と「ちゃんちゃん坊主」を繰り返す。先生はのべつ幕

　＊同前。
　＊＊中勘助『銀の匙』（岩波文庫、1935年、126～129ページ）。

なしに元寇と朝鮮征伐の話ばかりする。唱歌といえば、殺風景な戦争ものばかり。狭い運動場は加藤清正と北条時宗で鼻をつく始末で、弱虫はみんな「ちゃんちゃん坊主」にされて首を切られている。町を歩けば、絵草紙屋の店には、至るところ「鉄砲玉のはじけたきたならしい絵」ばかりが掛かっている。しかし、主人公の少年は、このような状態が腹立たしく、嫌でたまらないのです。作者は日清戦争当時9歳ですから、主人公の少年には作者自身の体験が反映しているとみてよいでしょう。主人公のような少年を例外として、子どもたちが見るもの、聞くものは、戦争と深く結びついていったようです。そして、中国・朝鮮、とくに中国に対する蔑みの感情が広がり、根をはっていくようになります。

　この点を、もう一人の少年の体験から紹介しましょう。のちに新聞記者となり、ユーモア作家として名をあげる生方敏郎は、数え年13歳当時の思い出を、要旨、つぎのように書いています。*

　私の家には、父が気に入っている屏風があった。そこには品のいい数人の中国人と、大勢の可愛らしい子どもが描かれていた。いずれも、私の田舎（群馬県沼田）のどこを探しても見当たらないほど立派で上品だった。家にはきわだって美しい南京皿があった。「どうも支那でなくてはこういう良い品は出来ない。墨でも硯でも、どうも彼地の物でなくっては」と父は語っていた。毎夜、父から教えられた漢文も中国のもの、学校で教わる文字も中国のもの。夏祭りの山車の上に置かれる人形も多くは中国の英雄だった。日清戦争以前、子どもの頭に映じた中国とは、こんなにも立派で、ロマンチックで、ヒロイックなものだった。

　ところが、戦争に勝ち進むにつれ、敵を軽蔑する心が、誰の胸にも湧いてきた。絵にも、唄にも、中国人に対する憎悪が反映してきた。錦絵に描かれた日本軍は勇ましく、中国兵は皆逃げている。夏祭りの射的の的は中国兵だった。中国人の人形の首を年末売出しの景品にした商店もあった。こうして、日清戦争を機として中国イメージは大きく転換していったのです。

＊生方敏郎『明治大正見聞史』（中公文庫、1978年、33〜41ページ）。

3

日露戦争と民衆

◆

① 日露開戦への道のり

日清戦争は国際関係をどう変えたか

　日清戦争によって日本をめぐる国際関係がどのように変わったのか、ごく簡単に整理しておくことにしましょう。
　まず、講和条約の直接の結果についてです。その第一は、清国がついに朝鮮の独立を認めることになったということです。「独立」の内実については、後で見ることにしましょう。
　第二は、台湾、遼東半島、澎湖諸島の三か所を清国に分割させたということです。ただし、遼東半島については、講和条約の締結から1週間とたたない4月23日、不凍港を求めて南下政策をとるロシアが、フランス・ドイツとともに清に返すように迫り、日本側はこれをのまざるをえませんでした（三国干渉）。
　台湾を分割させたことによって、日本ははじめて海外に領土をもつことになりました。しかし、分割決定の直後、台湾では反対運動が高まり、台湾民主国の独立が宣言されます。これに対して日本は5月末、軍隊を出動させ戦争を展開します。動員した兵力は約5万人。軍夫も2万数千人が投入されました。日本側の死者は4642人。他方、殺害総数は1万7000人にのぼるといいます。日清戦争の終わりは、台湾征服戦争の始まりだったのです。10月、台湾民主国は崩壊して、日本軍は台湾全土を軍事制圧しましたが、なお、抵抗

はやまず、衝突は1915（大正4）年頃までつづくことになります。

　第三は、清国そのものについてです。対等条約であった日清修好条規は廃止され、かわって日清通商航海条約などが結ばれることになりました。これは、日本に有利な不平等条約です。日本は清国に対して、欧米列強と同じ位置を占めるようになったのです。

　こうして日清戦争に勝利した日本は、朝鮮から清の影響力を一掃するとともに、台湾を支配する植民地帝国となりました。近年の研究は、講和調印後の台湾征服戦争をも視野にいれて、日本軍国主義の侵略的な性格を明らかにしてきています。

列強の進出は東アジアをどう変えたか

　以上を前提として、日清戦後の国際関係は、列強の東アジア進出によって大きく変動していくことになります。清が敗北した結果、列強の中国侵略は本格化します。日本の勝利が東アジアに軍事的な緊張を呼び込むことになったのです。日本はこうした帝国主義諸国の中国分割競争に食い込もうと、過大な軍備拡張を推し進めていきます。国内ではアジアに対する蔑視と忠君愛国の思想が国民的な基盤を獲得していきます。近年の研究は、こうした点に注目して、日清戦争の画期性を強調しています。

　戦後の東アジアの国際関係をみていくことにしましょう。まず、第一は、日本の朝鮮支配とロシアとの関係です。日清戦争は、日本にとって朝鮮の独立・改革を大義名分とする戦争でした。ですから、日本としても、独立の永続、列国との協同という方針をとらざるをえません。ところが、1895（明治28）年10月、任命されたばかりの三浦梧楼公使が、朝鮮の王妃閔妃を殺害するという事件をおこします。朝鮮の内部では、日本にたよって近代化をすすめようとする勢力と、ロシアにたよろうとする勢力との対立が深まっていましたが、以後、次第にロシアの影響力が拡大されていきます。1896年2月には、朝鮮国王がロシア公使館に移ってしまいます（翌年4月まで）。こうしたなか、朝鮮支配についてロシアとの関係を調整する必要が生じてきます。そこで、小村・ウェーバー覚書（1896年5月）、山県・ロバノフ議定書

(1896年6月)、西・ローゼン協定（1898年4月）などが重ねられていくことになります。

　第二は、清国をめぐる列国の分割競争です。まず1897年11月、ドイツが膠州湾を占領します（1898年3月、租借）。つづいて12月、ロシアも旅順を占領してしまいます（1898年3月、租借）。フランスは広州湾を、イギリスは威海衛を租借します。こうした動きに対して、日本も競争に参加しようと、台湾の対岸にある福建省を他の列国に譲らないように清国に約束させます（1898年4月）。アメリカは中国の「門戸開放」を宣言します（1899年9月）。各国は清国からの租借地に軍港を建設し、極東軍の創設・増強をはかっていきます。ロシアはシベリア鉄道・東清鉄道の建設をはかり、日本も軍備拡張をすすめます。

　日清戦争の結果、清国が日本に支払うこととなった賠償金は日本円にして3億円。これは清国の国庫収入の3年分にあたります。列国の中国争奪戦を激しくさせたのは、清国が賠償金支払いのために列国に借金せざるをえなかったからです。列強は借金の見返りとして鉄道の利権や租借地を手に入れていきます。

　第三は、列強のこうした侵出に対して、中国民衆の不平・不満がつのっていったということです。1899年、山東省で義和団を中心にした民衆が蜂起し、これは、翌1900年華北一帯に広がりました。6月には、北京の外国公使館に迫ったため、列強8か国は連合軍を派兵しました。主力は日本とロシアです。清朝（守旧派）は義和団を支持して列強に宣戦布告したため、戦闘は連合軍と清朝軍との戦闘に発展していきました。

　結局、8月、北京は連合軍の手に落ち、10月から開かれた講和会議の結果、義和団最終議定書が結ばれることとなりました（辛丑条約、1901年9月）。清国は列国に賠償金を支払い、あわせて「公使館区域」に列国軍隊の駐在を認めざるをえなくなって、いよいよ列強への従属度を強めていきます。

なぜ日露は開戦したか

　強国間の対立と抗争が深まっていたのは、東アジアだけではありません。

19世紀末から20世紀初頭の時期、世界の各地で軍事的な緊張が高まっていました[*]。ヨーロッパでは、1891年に露仏同盟が成立し、これは94年に軍事同盟に発展します。ついで、フランスとロシアが地中海方面に進出したため、この地域でのイギリスの覇権が動揺します。イギリスはこれに対抗して海軍の大増強をはかり、地中海海域では軍事的な対立が深まっていました。

　さらに、イギリスはアフリカ分割競争でフランスとの対立を強めていました。1898年には両者が軍事衝突するファショダ事件がおこります。1899年には南アフリカの支配を狙って、イギリスはこの地に移民していたオランダ人の子孫ブーア人との間で戦争をおこし（ブーア戦争）、これは1902年までつづきます。

　このようななか、1900年頃からロシアが満州を占領するという動きが出てきました。それは、朝鮮半島の支配が危うくなるとの危惧を、日本の支配層に抱かせることになります。これにどう対処するのか。それをめぐって、日本政府のなかに二つの路線が登場してきました。

　一方は、ロシアと一戦を交えることは避け、ロシアと話し合いをつけようという考えです。満州についてはロシアの権益を認め、そのかわり朝鮮については日本が支配することを認めさせようというもので、元老の伊藤博文らの意見です。その背景には、二つの考えがありました。一つは、ロシアとの全面対立は避けたい、もう一つは、イギリスに対して信頼をおけない、ということでした。そこから出てくるのが、日露協商論です。

　しかし、他方で、むしろイギリスと手を組むべきだとする意見も登場していました。これを推し進めたのは、当時の桂太郎内閣、とくに外務大臣の小村寿太郎でした。小村は、もし、時勢の推移するままに任せておけば、満州はついにはロシアの事実的な占領に帰し、満州がロシアのものとなってしまえば、韓国もまた危険だとしました[**]。すみやかに対策をたてなければいけない。これまでの歴史からみても、現状からみても、ロシアが日本の希望どお

---

　　[*]以下、井口和起『日露戦争の時代』（吉川弘文館、1998年）、同『日本帝国主義の形成と東アジア』（名著刊行会、2000年）などを参照。
　　[**]以下、前掲『史料日本近現代史』Ⅰ（232～234ページ）。

りに韓国問題について解決の交渉につくなどということは、外交談判では無理だ、というのです。では、どうするのか。方策は二つしかないと小村は言います。一つは、戦争をも辞さない態度をとることです。もう一つは、第三国と手を組んで、その圧力でロシアがやむをえず要求をのむようにすることです。第三国として想定されるのはイギリスでした。

こうした事情のもと、1902年1月に日英同盟が成立します。当然のことながら、日露の対立は決定的なものになります。

② 日露戦争と民衆

日露戦争をどうとらえるか

1904（明治38）年2月10日、日本はロシアに宣戦し、日露戦争を始めます。戦争はもちろん日本とロシアとの間で展開されました。では、この戦争は、一体、何をめぐる戦争だったのでしょうか。今も「祖国防衛戦争」だったと主張する人がいます。しかし、そもそも戦場はどこだったのでしょうか。「祖国」のどこに敵が攻めてきたのでしょうか。

当時、戦争を推進した人たちの主張。その主張にそって（あるいはそれに輪をかけて）宣伝した新聞などの報道や言論人の発言。そうした主張・報道・発言を聞き、読むことによって、状況を認識した一般の人びと。このような声だけを読み取れば、それは、たしかに時代の空気だったようにも見えます。当時の日本国内の人びとの意識・感情をそのまま再現すれば、日露戦争はたしかに国を守るための「国民戦争」のようにも見えます。そうでなければ、膨大な軍事費と兵士を戦争に投入することなどできるはずがありません。当時の国民感情に即して、日本の内側から戦争を描き、それに参加していった心情を描き出そうとするためには、それはたしかに必要かもしれません。たとえば文学作品の場合、当時の国民感情、人びとの心情に即して描かなければ、リアリティーは希薄なものになってしまいます。

しかし、それを真実と取り違えてしまっては困るのです。当局者がそのように主張し、人びとがそのような精神・心情をもったことは事実だとします。

しかし、その意味を分析するためには、二つのことが必要です。第一は、なぜそのように主張したのか、人びとはなぜ、どのようにして、そう考えるようになったのかです。論理の構造、主張の意味、意識の形成過程を探る課題です。第二は、その主張・意識の背後あるいは前提となっている事実そのものの真相を解明することです。事実は主張のとおりなのか、人びとの気分・感情が前提としている「事実」は事実そのままの反映なのかの検証です。
　さまざまな主張は、それ自体、主張者の意図を多分に含まざるをえません。とくに、ある種の目的を実現しようとする場合、あるいは論争に際して自説の正当性を証明しようとする場合、その主張に合致する「事実」が総動員されるものです。ですから、そうした主張を鵜呑みにすると、主張者の手のひらのなかでしか考えられなくなってしまいます。そうした主張や考えをもつに至ったことも含めてまな板のうえにのせて分析すること、そこに、歴史学や歴史教育の独自の役割があるといえます。共感や感情ではなく、まず理性の力によって、物事の全体を分析しようとする努力が必要なのです。そうした主張や感情をすべてと見るのではなく、また、逆に事実に合致していないからといって黙殺するのでもなく、当時の歴史を構成する重要な一要素として分析を加えること、それが必要なのです。

戦時下の朝鮮で日本は何をすすめたか

　では、日露戦争のポイントは何なのでしょうか。日本にとって、戦争の焦点は朝鮮の確保にありました。宣戦の詔勅自体がそのことをよく物語っています。＊「帝国ノ重ヲ韓国ノ保全ニ置クヤ一日ノ故ニ非ス」「韓国ノ存亡ハ実ニ帝国安危ノ繋ル所タレハナリ」。ロシアが満州を領有するようになったら、韓国の保全は持ちこたえられず、極東の平和を望むことはできない。危急に瀕しているのは日本ではなく、「韓国ノ安全」です。侵迫されているのは帝国そのものではなく、「帝国ノ国利」なのです。
　実際にも、戦争と平行して展開した朝鮮に対する政策が、それをよく示し

＊歴史学研究会編『日本史史料』4・近代（岩波書店、1997年、260〜261ページ）。

ています。開戦から2週間後の2月23日、日韓議定書が締結されます。「大韓帝国政府ハ大日本帝国政府ヲ確信シ施設ノ改善ニ関シ其忠告ヲ容ルル事」とあるように、日本が内政に介入・干渉すること、さらに第三国の侵害・内乱にそなえるという理由で、軍事的な収容をすすめることを認めさせるものでした。朝鮮を日本に従属させようとしたのです。

さらに日本政府は、5月30日、対韓施設綱領を閣議決定します。それは、防備を全うすること、外政の監督、財政の監督、交通機関の掌握、通信機関の掌握、拓殖など、日本の朝鮮支配プランの確立をはかったものでした。

8月22日には日韓協約を結び、日本が財務顧問と外交顧問を派遣することを認めさせます。「顧問政治」のスタートです。

兵士は戦争とどうかかわったか

1年9か月にわたる日露戦争は、100万人を超える兵力と、17億円を超える戦費をつぎ込んだ大戦争でした。このため、全国各地の青年たちは、兵士として戦場へかりだされていきました。そうした兵士たちは、一体、戦場で何を考えていたのか。それを知る素材としては、従軍日記や戦地からの手紙があります。

兵庫県揖保郡西鳥井村（現在、龍野市）から出征した萩本武一郎という青年がいます。貧農の長男で、結婚したばかりではないかと推定されています。彼は、1904年9月10日、妻ヒナにあてて手紙を書いています。それを見てみましょう。まず最初のところで、「をまいがてがみを、をこしてくれるとをまいにををたよなここちがする。うれしゆあります」と、妻への思いを伝えています。つづいて、「いまからせんそのことをかく」として、遼陽会戦のさまをつぎのように報告しています。

　　八月三十日ひわだいこをげき、二百二十人ひとが百三十人たをれ、のこりわ九十人までになりてしもた。わしもあたまのぼをしにたまがあたり、

＊前掲『史料日本近現代史』Ⅰ（277～278ページ）。
＊＊『龍野市史』第6巻（龍野市、1983年）。なお、ひろたまさき『文明開化と民衆意識』（青木書店、1980年）を参照。

ぽをしわやぶれたけれども、あたまにわきずわなし。むなもとのよこぶばらにあたりたけれども、まもりのうゑにあたり、がいと、ふくわあながあいたけれども、からだにわきずわなし。これわなにのをかげか、みなをまいが、かみしんぢんしてくれるをかげで、かみほとけのをたすけであるゆゑ、どをかぬかりもなかろをけれども、かみほとけをたのんでくれよ、たのむ。

8月28日に始まったこの会戦で、日本軍は2万人以上の死傷者をだし、激戦の末、9月4日、遼陽を占領しました。武一郎は、生々しい死への恐怖と、神仏の加護を求める心情を切々と語っています。そして、これにつづいて、郷里のこと、家のこと、妻のことに思いを馳せます。

　どをかいゑのことをたのむ。(中略) なることなら、てがみをたびたびをこしてくれ。たのむ。わしもだされるだけのてがみわだすゆゑ、わしのからだわをかげでたしやであるから、をまいもよをぢんをして、どをかびよきにかからんよをにたのむ。(中略) せんそも、もをわずかのひにち、しんぼしてくれ。

妻への素朴な愛情が伝わってきます。こうして、戦争は一家の働き手である青年を戦場へ駆り出し、その身を死にさらさせたのです。

しかし、彼が戦場に立ったのは、敵を殺すためです。7月に書いた別の手紙では、「ろへ（露兵）を、十人ころさなけらしなんつモりであります」と書き、遼陽会戦直前の8月の手紙では、「モシモいのちがありたなら、ろへのくびをひきさげ、みやげに、モちてかいるつモりでありますけれどモ」と書いていました。ともに友人にあてたものです。

こうして、戦争は、妻を、家族を思いやる善良な青年を、他者、つまり敵の生存を抹殺しようとする存在へと変えてしまうのです。もちろん、武一郎のようなかかわりかたがすべてというわけではありませんが。

このような戦地からの手紙は、近年、地方自治体史の編纂事業などをつうじて、各地で発見されてきています[*]。それらによって、民衆にとっての日露戦争の意味がさらに解き明かされていくことでしょう。

---

[*] 大江志乃夫『兵士たちの日露戦争』（朝日新聞社、1988年）では、福井県のある村に保存されていた500通の軍事郵便が分析されています。参照してください。

4

徳冨蘆花と「明治国家」

◆

徳冨蘆花『不如帰』とは？

　上州伊香保千明の三階の障子開きて、夕景色をながむる婦人。年は十八、九。品よき丸髷に結いて、草色の紐つけし小紋縮緬の被布を着たり。

　徳冨蘆花の代表作『不如帰』は、こんな書き出しではじまっています。この絵は、画家黒田清輝が描いたヒロイン浪子です。浪子は陸軍中将の娘。海軍少尉川島武男と結婚しますが、結核にかかり、武男が日清戦争に従軍して

黒田清輝画　　　　　　　　徳冨蘆花（1920年1月）

4　徳冨蘆花と「明治国家」　　189

留守の間、家系の断絶をおそれる姑によって離縁されてしまいます。二人の愛情は変わらないのですが、救われることのないまま、浪子は、「ああつらい！　つらい！　もう――もう婦人（おんな）なんぞに――生まれはしませんよ。――ああ！」と言って、身をもだえながら血を吐いて倒れてしまいます。小説『不如帰』のクライマックス＝シーンです。

　武男と浪子の悲劇を描いたこの小説は、主人公のモデルをめぐる話題性とあいまって、空前のベストセラーとなりました。浪子は、陸軍大将大山巌（いわお）の娘信子がモデルと言われ、武男のモデルは、元警視総監三島通庸（みちつね）の息子弥太郎です。結核にさいなまれる浪子、二人の愛をさく封建的な家族制度。それが、多くの人びとの胸をうち、涙をさそったのでした。

　『不如帰』は新派の劇として上演されて大好評を博し、また、1904（明治37）年には英訳されて、『Nami‐ko』という題でアメリカで発行されました。その後、フランス語、ポーランド語、ドイツ語にも翻訳されています。

　『不如帰』のストーリーは、日清戦争を背後におきながら展開されていきます。たとえば、登場人物の一人山木は、新聞の号外を見ながら、こう語ります。**

　「うう朝鮮か……東学党ますます猖獗（しょうけつ）……なに清国が出兵したと……。さあ大分おもしろくなって来たぞ。これで我邦も出兵する――戦争（いくさ）になる――さあもうかるぜ。お隅、前祝いだ、卿（おまえ）も一つ飲め」

　1894年6月の情景です。やがて7月中旬、政府は清国との開戦を決定し、武男の乗る軍艦松島は、横須賀から佐世保に向かいます。9月、連合艦隊は戦闘準備を整えて大同江口（だいどうこうこう）を出発します。武男は戦地にあって、浪子のことをつぎのように思い浮かべます。***

　消息絶えて、月は三たび移りぬ。彼女なお生きてありや、なしや。生きてあらん。わが忘るる日なきがごとく、彼も思わざるの日はなからん。共に生き共に死なんと誓いしならずや。

＊『不如帰』（岩波文庫、1938年、7ページ）。
＊＊同前（119ページ）。
＊＊＊同前（147ページ）。

彼は、月光のなかから今にも白いショールをまとった浪子が出てきそうな心地を抱くのです。やがて武男は黄海海戦で負傷し、一時、佐世保の海軍病院に入院しますが、ふたたび戦地に戻って威海衛攻撃、澎湖島占領に従軍します。さらに、戦後は、台湾征服戦争にも参加するのですが、その間に浪子は病死してしまいます。『不如帰』は、浪子の墓に詣でた武男が浪子の父、片岡中将と出会う場面で終わります。「ああ、久しぶり、武男さん、いっしょに行って、ゆるゆる台湾の話でも聞こう！」。中将が武男に語った言葉です*。

　蘆花はこの『不如帰』の成功によって、作家として自立することになりました。以下では、作家蘆花の目を通して、日清・日露戦争の時代を見てみることにしましょう。

蘆花は日清戦後の社会をどう見たか

　作者の徳冨蘆花、本名健次郎は、1868（明治元）年に熊本県の水俣に生まれた人で、7人兄弟の末っ子です**。数え年11歳の時、兄の猪一郎、のちの徳冨蘇峰ですが、この兄に連れられて京都に行き、同志社に入学しました。13歳の時にいったん退学したのですが、19歳の時、ふたたび入学。この間にキリスト教の洗礼を受けています。やがて上京して、兄蘇峰が経営する民友社に入り、校正や翻訳の仕事に従事することになります。そして、日清戦争後の1898（明治31）年、兄が経営する『国民新聞』で連載を開始したのが、この「不如帰」でした。

　すでに見たように、日清戦争の開戦直前、兄の蘇峰は、自分が発行する雑誌『国民之友』の誌上で、絶好の機会が到来した、と叫んでいました（本書173～174ページ）。今こそ、300年来の「収縮的日本」が「膨脹的日本」となる時だというのです。当時の日本の世論は、ごく一部を除いて日清戦争を支持し、戦争に勝利した後も、新聞・雑誌は大国意識をアピールしていきまし

＊同前（226ページ）。
＊＊蘆花については、中野好夫『蘆花徳冨健次郎』全3巻（筑摩書房、1972～74年）が最もまとまった評伝です。

た。ところが、こうしたなかで蘆花は日清戦争の勝利から2年後、つぎのように書いて溜め息をついていたのです。

　詩人は平和を歌い、宗教家は愛を説き、学者は国際公法を説き、自由貿易の先達（せんだつ）は各国民の間の好意を唱えているが、夢、夢、みな夢のみ。軍艦は日に日に造られ、兵隊は日に日に増され、人の血はいたるところで流されている。国は国を脅かし、民は民を欺き、自ら大ならん、富まんと務めている。

　蘆花にとって、日本が加わることになった19世紀末の世界は、弱肉強食の「禽獣世界（きんじゅうせかい）」、つまり獣のような世界だったのです。こうした現実のとらえ方をめぐる蘇峰・蘆花兄弟の違いは、日清・日露戦争の時期の日本の進路をめぐる対立を象徴しているようにも思えます。

　さて、『不如帰』の刊行と同じ1900年、蘆花は『自然と人生』という本を刊行しました。蘆花は、自然のなかに新しい美しさを発見した最初の文学者だったといわれます。この本に収められた文章、自然を鮮やかにスケッチした文章を読むと、なるほどとうなずけます。1913年には英訳もされています。

　ところで、この本のなかには、自然だけでなく、人生の断面をスケッチした短い文章もいくつか収められています。そこには、彼のヒューマニズム、弱い者への共感をうかがわせる作品があります。たとえば、「海運橋」には、つぎのような情景が描かれています。

　ある時、東京日本橋の第一国立銀行に近い海運橋を渡ろうとしたところ、橋のたもとに人が集まっていた。見ると45、6歳の女性が巡査に何かたずねられている。みすぼらしい身なりで、2歳ほどの女の子を背負い、5歳ばかりの男の子の手を引いて、うつむいて立ち、涙を流している。巡査がたずねているのを聞くと、夫は家出して行方がわからず、家賃がはらえないために長屋から追い払われて途方にくれているらしい。と、ちょうどその時、豪華な人力車に乗った紳士が、こちらをちらっと見ただけで、そのまま銀行の門

*「湘南歳除」(『蘆花全集』第19巻、蘆花全集刊行会、1929年、198～201ページ)。
**『自然と人生』(岩波文庫、1933年、112～113ページ)。

に入っていった。

　蘆花は着物の袂を探ってみたのですが、1銭もありません。溜め息をつきながら川向こうを見ると、第一銀行の建物はさながらお城のようで、旗は勢いよくひるがえっています。「彼処には千万の金あり。然れども――吁然れども――」。蘆花はこうつぶやくのでした。ここには、日清戦争後の資本主義の発展とその矛盾、貧富の差の拡大が象徴的に描かれているとは言えないでしょうか。

　また、同じく『自然と人生』のなかには、「国家と個人」という作品があります。＊わずか1ページ半ほどのこの作品が描くのは、1895年5月の東京新橋駅頭の情景です。おりから駅頭は、日清戦争の大本営広島から凱旋する明治天皇を迎えるために沸き立っています。まさに「愛国忠君」はその場の「空気」となっていました。ところが、突然、蘆花の後ろから「何でへ、畜生奴。何が面白えんでい。わい〰〰〰〰騒いで居やがる。畜生奴。車力なんざ如何するんでい」という声が聞こえてきたのです。車力とは、人力車挽きのことです。蘆花は愕然として振り返り、振り返ってまた愕然としました。髪も髭ものび放題、顔は青黒く、頰骨は高く、目は窪み、雑巾をつなぎ合わせたような着物の胸もあらわに、縄の帯をした男が、裸足で立っていたのです。「餓程悲しきはなく、餓程恐ろしきはなし」。蘆花はこう言って、「愛国、忠君、其は君が説くに任す。願くば陛下の赤子をして餓へしむる勿れ」とこのスケッチを結んでいます。ここには、日清戦争後に高まる愛国心と民衆生活の間の矛盾が、鋭く描かれているような気がしてなりません。

　こうした弱者への共感、社会的な矛盾への怒りは、蘆花を新しい政治小説の執筆へと駆りたてます。1903（明治36）年に刊行した『黒潮』がそれで、蘆花は鹿鳴館時代の政界を描き、藩閥政治家の腐敗や貴婦人の悲劇を鋭くえぐりだしていくことになります。しかし、これは政府の側に立つ兄蘇峰との溝を深め、兄弟の仲たがいはいっそう深刻なものになっていきます。

＊同前（122〜123ページ）。

蘆花は日露戦争の勝利をどう見たか

　1905（明治38）年8月、富士山に登った彼は、暴風雨にあって5日間人事不省におちいり、これを転機として、新しい自分を発見するための模索をはじめます。そして、ロシアの文豪トルストイへの関心を強めていきます。

　翌1906年4月、蘆花は海外への旅にでかけ、インド・スエズ・パレスチナを経て、ついにトルストイを訪問します。当時、トルストイは78歳。トルストイは蘆花を「おお、君はトキトミ君」と迎え、蘆花は「ああ、あなたは先生」と答えて、二人はしっかりと手を握り締めあったといいます。こうして、5日間、蘆花はトルストイとさまざまな問題を議論しあいながら、生活をともにしたのです。

　ところで、当時の日露関係はといえば、前年の1905年9月、日露戦争が日本の勝利に終わったばかりの時です。日本の国内には、ようやく世界の一等国になったのだという意識が広がっていました。しかし、こうした大国化の風潮とは裏腹に、勝利の陰には悲惨な現実がありました。実際のところ、日本は大きな犠牲を払って、ようやく勝利にこぎつけたにすぎなかったのです。

　トルストイ訪問から帰国後の12月、蘆花は第一高等学校で講演します。演題は「勝利の悲哀」*。蘆花は、ロシアを訪れた際、博物館で見たナポレオンを描いた絵の話からはじめています。それは、ロシアに攻め込んだナポレオンが、丘の上からモスクワ市街を見下ろしている絵でした。戦いに勝利し、得意に満ちたナポレオンの姿に、蘆花は「勝利の悲哀」を感じたというのです。実際のところ、ナポレオンはその後、ロシア遠征に失敗し、やがて位を退き、島流しとなってしまうのです。蘆花はこのナポレオンの絵から受けたインスピレーションを発展させ、日露戦争に勝利した当時の日本のゆくえに心を曇らせます。「ああ寤めよ。我愛する日本、我故国日本、眼を開いて真の己を知れよや」と呼びかけ、要旨、つぎのように語るのです。

　　戦後、世界的な日本の発展ということが、耳やかましく唱えられている。
　　戦後の日本はなるほど大いに発展しつつあるようだ。しかし、それは本当

＊『謀叛論』（岩波文庫、1976年、31～37ページ）。

だろうか。おまえの独立が陸軍と海軍と他の国との同盟によって維持されているのだとすれば、その独立は「憫(あわ)れなる」独立だ。おまえの富が何千万円の生糸と茶と、中国撫順の石炭、台湾の樟脳・砂糖だけならば、おまえの富は貧しいものだ。しかも、勝利の結果、おまえがどのような位置におかれることになったのか、覚悟はできているのか。一方では、欧米人の嫉妬、疑い、不安が黒雲のようにおまえ目がけて湧き起こり、他方では、おまえの凱旋ラッパの音に刺激されたかのように、有色人種が頭をもたげてきているではないか。この両者の間に立って、おまえは何をどのようにしようというのか。

　これが、蘆花にとっての戦後の現実でした。一歩誤れば、戦勝は「亡国」、つまり国が滅亡するきっかけになりかねない。そう考える蘆花は、この講演で、「寤(さ)めよ、日本。眼を開け、日本」と叫ぶのでした。日露戦争そのものについては、蘆花は「戦争是認論者」でした。しかし、戦後、その浅はかな考えは根底から崩れて、「眼を開け」と叫ばざるをえなかったのです。これ以後40年間の「亡国」への道のりを知っている現在の私たちにとって、蘆花の警告はある種の予言のようにも響いてきます。

蘆花は大逆事件とどうかかわったか

　さて、1907（明治40）年、蘆花は北多摩郡千歳村粕谷(ちとせかすや)（現在、都立公園の蘆花恒春園となっている場所、東京都世田谷区粕谷）に引っ越しました。当時、この一帯はまったくの農村地帯でした。敷地は4000坪。住居は杉やくぬぎの林を背にした草葺きの農家でした。家の前には麦畑が広がっていました。「君は農業で生活することはできないかね」というトルストイの言葉が、彼に大きな影響を与えたのです。彼は、自分を「美的百姓」と呼び、鍬で畑を耕しながら、田園生活を送っていました。そうした蘆花ののどかな生活に波紋を及ぼしたのが、大逆事件です。

　1910年5月以来、政府は天皇の暗殺を計画したとして社会主義者の一斉検挙を行い、翌1911年1月、幸徳秋水ら12人を死刑にしました。この言論・思想の大弾圧事件に衝撃を受けた文学者には、石川啄木・森鷗外・永井荷風・

正宗白鳥などがいます。しかし、幸徳らを公然と弁護したのは、蘆花だけでした。愛子夫人の日記は、裁判の成り行きを身をけずらんばかりにして心配する蘆花の姿を伝えています。

1911年1月19日、「まさか宣告はしても、殺しはすまじ」「殺させ度（たく）なし」。蘆花はこうした思いから、25日、天皇あての公開直訴文をしたためて東京朝日新聞社に送りました。しかし、時すでに遅し。この日、新聞は処刑を報じました。「オ、イもう殺しちまつたよ。みんな死んだよ」「何と無惨の政府かな」。愛子夫人の日記は、蘆花のこのような言葉を伝えています。＊

そして、2月1日、蘆花は第一高等学校弁論部の求めに応じて演壇に立つことになります。演説を頼みにきたのは、一高弁論部員の河上丈太郎（のちの社会党委員長）です。河上青年が演題をたずねると、蘆花は黙って火鉢の灰に「謀叛論（むほんろん）」と書き、これを見て河上はハッとしたといいます。

当日、演壇に立った蘆花は、政府の措置を厳しく批判し、死刑によってかえって数えきれないほど無政府主義者の種子は蒔（ま）かれた、幸徳らは死んでも復活した、と述べました。＊＊そして、謀叛を恐れてはならぬ、新しいものはつねに謀叛である、と青年たちに訴えかけたのです。立錐の余地もない会場で聴衆は息を殺して聞き、演説が終わってもしばし物も言えず、やがて我にかえってはじめて万雷のような拍手が沸きあがったといいます。なお、この演説によって、校長新渡戸稲造と弁論部長の教授は譴責処分を受けましたが、蘆花はとくに追及されることはありませんでした。

事件の3か月後、蘆花は敷地内に新しく設けた書院に、幸徳らの事件を銘記すべく、「秋水書院」と命名しています。

東京が攻め寄せてきた？

「美的百姓」蘆花の田園生活のようすは、1913（大正2）年に出版した『みみずのたはこと』のなかに鮮やかに描き出されています。時代はちょう

＊神埼清「徳冨蘆花と大逆事件──愛子夫人の日記より」(『現代日本文学大系』9、筑摩書房、1971年)。
＊＊前掲『謀叛論』(9〜24ページ)。

ど都市が膨張をすすめ、農村の自然を破壊しはじめた時でした。そのさまを、蘆花はつぎのように描写します。*

　東京を西に距る唯三里、東京に依って生活する村だ。二百万の人の海にさす潮ひく汐の余波が村に響いて来るのは自然である。東京で瓦斯を使う様になって、薪の需要が減った結果か、村の雑木山が大分拓かれて麦畑になった。道側の並木の櫟楢なぞ伐られ掘られて、短冊形の荒畑が続々出来る。武蔵野の特色なる雑木山を無惨々々拓かるゝのは、儂にとっては肉を削がるゝ思だが、生活がさすわざだ、詮方は無い。(中略) 要するに曩時の純農村は追々都会附属の菜園になりつゝある。京王電鉄が出来るので其等を気構え地価も騰貴した。(中略) 要するに東京が日々攻め寄せる。以前聞かなかった工場の汽笛なぞが、近来明け方の夢を驚かす様になった。村人も寝ては居られぬ。十年前の此村を識って居る人は、皆が稼ぎ様の猛烈になったに驚いて居る。

「東京が大分攻め寄せて来た」。それが蘆花の実感だったのです。しかし、これでよいのか。蘆花は主張します。**

　都会が頭なら、田舎は臓腑ではあるまい乎。頭が臓腑を食ったなら、終には頭の最後ではあるまい乎。田舎はもとより都会の恩を被る。然しながら都会を養い、都会のあらゆる不浄を運び去り、新しい生命と元気を都会に注ぐ大自然の役目を勤むる田舎は、都会に貢献する所がないであろう乎。都会が田舎の意志と感情を無視して吾儘を通すなら、其れこそ本当の無理である。無理は分離である。分離は死である。都会と田舎は一体である。農が濫に土を離るゝの日は農の死である。都が田舎を潰す日は、都自身の滅亡である。

　農業の衰退、自然の破壊、地球環境が深刻な問題となっている現在、自然と人間の調和を求める蘆花の思いは、あらためて私たちに迫ってくるものがあります。

　＊『みみずのたはこと』上（岩波文庫、1938年、18〜19ページ）。
　＊＊『みみずのたはこと』下（岩波文庫、1938年、110ページ）。

その後、蘆花は『黒い眼と茶色の目』『日本から日本へ』『竹崎順子』『富士』などの作品を発表し、1927（昭和2）年、60歳で亡くなりました。彼の死後、愛子夫人は土地と建物を東京市に寄贈し、それが公園となりました。蘆花が植えた樹木は大きく育って雑木林になっています。林の中の墓には今も蘆花夫妻が眠っています。公園には、彼が原稿を書いた二つの書院も残され、当時の面影を伝えています。

◆Coffee break ④

唱歌のなかの戦争

　文部省唱歌「われは海の子」の七番を知っていますか。現在は普通、三番までしか歌われていませんね。
　この歌は、もともとは海辺に生まれ、海に育まれた少年が、やがて「鉄より堅き」腕と「赤銅さながら」の肌をもつたくましい海の男となっていくプロセスを歌ったものです。そして、最後の七番の歌詞は──
　　いで大船を乗出して
　　我は拾わん海の富。
　　いで軍艦に乗組みて
　　我は護らん海の国。
　海国日本の男子として海に乗り出し、海軍軍人として国家の防衛にあたろうというのです。この歌が小学校の教科書に登場したのは、日露戦後の1910（明治43）年のことです。
　「われは海の子」と対照的な冬の歌が「冬の夜」です。1912年発行の教科書から登場しました。「灯火ちかく衣縫う母は　春の遊びの楽しさ語る。居並ぶ子どもは指を折りつつ日数かぞえて喜び勇む。囲炉裏火はとろとろ　外は吹雪」という歌で、冬の夜の囲炉裏端の情景が鮮やかに浮かびあがってきます。
　現在、二番の歌詞は、「囲炉裏のはたに縄なう父は　過ぎし昔の思い出語る。居並ぶ子どもはねむさ忘れて　耳を傾けこぶしを握る。囲炉裏火はとろとろ　外は吹雪」となっています。では、子どもたちが眠さも忘れて耳を傾け、こぶしを握る父親の「昔の思い出」とは、一体、何なのでしょうか。
　父親が語ったのは、たんなる昔の思い出ではありません。じつは、もとの歌詞では、縄なう父は「過ぎしいくさの手柄を語る」となっていました。戦争の手柄話に子どもたちは耳を傾け、こぶしを握っていたのです。「過ぎしいくさ」とは、やはり一番近い戦争、しかも地域をあげての戦争だった日露戦争に違いありません。
　軍隊や戦争が唱歌のなかにも影をおとしていることがわかります。

大日方純夫（おびなた　すみお）

1950年生まれ。
早稲田大学文学学術院教授。専攻・日本近代史。
主な著書
　『自由民権運動と立憲改進党』（早稲田大学出版部）
　『天皇制警察と民衆』（日本評論社）
　『警察の社会史』（岩波書店）
　『日本近代国家の成立と警察』（校倉書房）
　『近代日本の警察と地域社会』（筑摩書房）
　『日本の近代』（共著、梓出版社）
　『日本の現代』（共著、梓出版社）
　『君たちは戦争で死ねるか』（共著、大月書店）など。

はじめて学ぶ日本近代史　上

2002年3月20日第1刷発行　　　定価はカバーに表
2013年3月22日第8刷発行　　　示してあります

著　者ⓒ　大日方純夫

発行者　　中川　進

発行所　　株式会社　大月書店
　　　　　〒113-0033　東京都文京区本郷2-11-9
　　　　　電話（代表)3813-4651（FAX)3813-4656　振替00130-7-16387
　　　　　http://www.otsukishoten.co.jp/

印　刷　三晃印刷
製　本　中永製本

本書の内容の一部あるいは全部を無断で複写複製（コピー）することは法律で認められた場合を除き、著作権および出版社の権利の侵害となりますので、その場合はあらかじめ小社あて許諾を求めてください。
Printed in Japan

ISBN978-4-272-52068-8　C0021